不安到受不了時，念念佛洛姆

首爾大學名師講座，帶你遠離焦慮與孤獨，
發現內在力量的紙上哲學課

WHEN YOU SUFFER FROM INSECURITY, MEET ERICH FROMM

참을 수 없이 불안할 때, 에리히 프롬

Park, Chankook 박찬국

朴贊國＿＿著　　陳思瑋＿＿譯

方舟文化

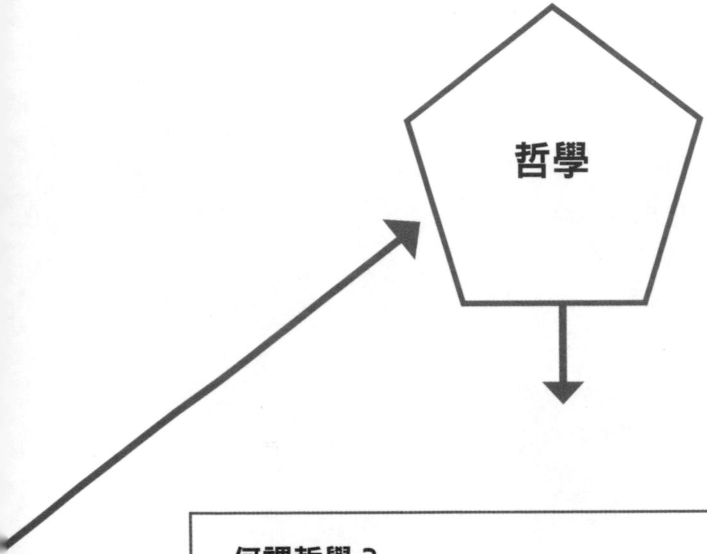

何謂哲學？

哲學，Philosophy

哲學是探討人類與世界根本問題的一門學問。在哲學裡，我們會以批判的眼光審視日常生活中本被視為理所當然和不言而喻的各種前提，以及在各領域與學科中使用的基本概念和原理。藉此反思生活與學問的基礎，而哲學也因此被稱為「根本學」。哲學不同於其他學科之處在於——其他學科只關注人類與世界的某一方面，哲學則致力於了解人類與世界的整體。

閱讀本書前 學問分類

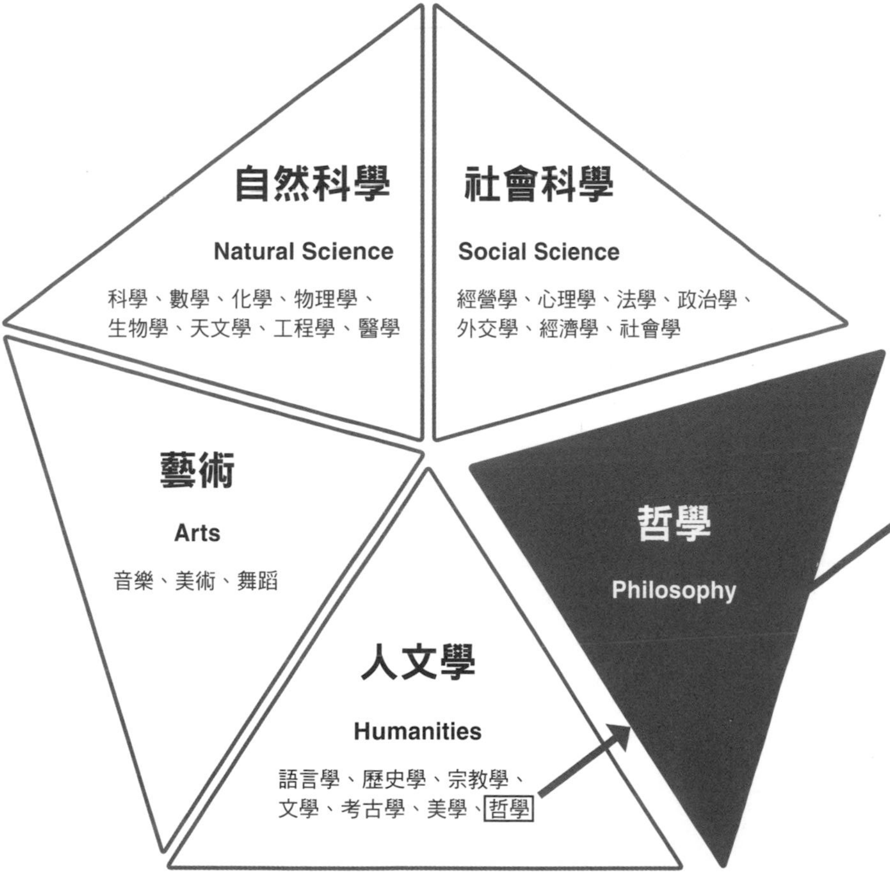
自然科學
Natural Science
科學、數學、化學、物理學、
生物學、天文學、工程學、醫學
社會科學
Social Science
經營學、心理學、法學、政治學、
外交學、經濟學、社會學
藝術
Arts
音樂、美術、舞蹈
人文學
Humanities
語言學、歷史學、宗教學、
文學、考古學、美學、哲學
哲學
Philosophy

閱讀本書前 主要關鍵字

愛

佛洛姆（Erich Fromm）說，唯有愛能拯救我們於不安與絕望之中。佛洛姆極其重視愛，因此也被譽為「愛的先知」。愛是大眾最常談論的話題，所以佛洛姆對愛的想法聽起來也許會像老生常談，然而我們周遭所接觸到的許多愛並不是真正的愛，而是扭曲的愛。我們常常把愛和占有欲、執著混為一談，或是誤以為偶像崇拜就是愛。佛洛姆認為，對他人生命和成長的「積極關心」與「照顧」，以及對他人的「責任」與「尊重」才是真正愛的要件。此外，真正的愛不侷限於自己周遭的幾個人，而是具有世界主義的特性。

異化

十九世紀起開始有人使用「異化」這個詞，此異化指的是「由人類創造的事物演變成支配人類的陌生力量」。但埃里希．佛洛姆認為，早從舊約聖經裡的「偶像崇拜」，我們就已經能發現異化一詞的涵義了。偶像可以有各式各樣的型態，包括：植物、動物、民族、種族、階級、宗教信仰、政治信念與財富等型態。佛洛姆將現代資本主義社會的根本問題，歸咎於人類被推向異化的型態。

生命需要

佛洛姆認為「生命需要」是只有人類才有的特殊欲望。這些欲望包括：為了擺脫孤獨感而想結合和想合而為一的欲望；想擺脫無力感並感受自身力量，因而產生的創造與超越欲望；為擺脫空虛感而賦予人生崇高意義、方向與目標，如此尋求一個定向架構和獻身對象的欲望。這三種欲望皆源於人類特有的生命處境，因此能稱之為「生命需要」。

神祕體驗

神祕體驗是指真正意義上的宗教體驗，也就是「在意識完全清醒時，平靜依舊主宰一切」的狀態。佛洛姆表示，神祕體驗是人類在領悟到自身神性本質的同時所感受到的無比自信，並且也謙虛地覺得自己是宇宙極小的一部分。

占有型態

占有型態的生活指的是，在擁有更多物質、名聲或地位等外在的事物中，尋找生活意義與幸福的生活方式。佛洛姆表示，占有型態立基於利己主義，為實現「人本的社群式社會主義」，我們必須克服以利己之心為基礎的占有欲。

存在型態

存在型態的生活指的是，在完整自我生命的方面，透過實現如智慧與愛這種人類固有能力，尋找生活意義與幸福的生活方式。佛洛姆認為，這種生活方式尊重萬物，能夠與萬物交流並促進它們的成長，他將這種主宰社會的生活方式稱為「人本的社群式社會主義」。

宗教上的回心

佛洛姆強調資本主義社會的偶像崇拜特質，他表示為了資本主義社會的革新，我們不僅需要社會結構上的改革，每個人也都必須根本地改變自己的性格，他強調這種「宗教上的回心」是必要的。

第3章 人類有逃避自由的傾向

第4章 如何喚醒自身內在的力量？

「佛洛姆不摒棄任何人類的偉大遺產，而是透過創造性的繼承來豐富現代人的生活。」

——首爾大學哲學系朴贊國教授

前言

致因世界不如意而感到不安的你

朴贊國

一九四一年出版的《逃避自由》（*Escape from Freedom*, 1941）是將埃里希·佛洛姆介紹給世人的第一本書。雖然這本書是佛洛姆最早出版的著作，但它囊括了佛洛姆之後發展出的所有思想核心。這本書被翻譯成二十八種語言，全世界銷售超過五百萬本。它在民眾抵抗獨裁政權的所有地方都引起高度的關注，包括一九五六年對抗共產主義獨裁而發生的「匈牙利革命」，以及被稱為「阿拉伯之春」的二〇一〇年阿拉伯民主化運動。

我第一次讀這本書是在高三的時候。當時離大學入學考試只剩幾個月了，某天我偶然在書店買了這本書的英語原著，也許是被書封上寫的「引起世界轟動的書」這句話所吸引吧。當時我從未聽說過埃里希·佛洛姆，所以剛開始閱讀時並不抱什麼特別的期望。但是我很快就沉迷其中，幾乎整整一週都離不開這本書，除了吃飯、睡覺和學校上課的時間外，我好像一直都埋頭於這本書中。雖然之後也讀過許多令我著迷的哲學書籍，但卻沒有任何哲學書能像這本書一樣，帶給我如此快樂的沉浸感。儘管必須用字典查找英語生字，但閱讀本書所感受到的興奮與感動，至今我仍難以忘懷。

《逃避自由》於一九四一年出版，也就是在希特勒（Adolf Hitler）以「最終解決方案」之名開始屠殺猶太人前不久時出版的。這本書首要目的是為了調查納粹主義出現的歷史與心理原因，並揭露納粹主義的危險性。然而這本書並不侷限於分析納粹主義，還以納粹主義為線索，論述了近代各種形式的「逃避自由」。對於佛洛姆而言，納粹主義只是近代

佛洛姆第一本著作《逃避自由》的初版封面。

人逃避自由的其中一個例子，他認為崩潰的東歐社會主義和資本主義也是大規模「逃避自由」的例子。

我們因為自由而能實現生活中豐富的可能性，但同樣也可能陷入不安之中。雖然我們能用自身力量開創自己的生活，但世界卻並非永遠稱心如意。於是人們試圖以某種強大的力量來克服這種不安，這種強大的力量可能會以非凡的個人形象、民族、民眾或是領袖的方式展現；若是對以上事物不感興趣的人，則可能以金錢、名聲或權力的方式展現。

本來近代社會努力的目標，是要實現在中世紀被束縛住的「自由」，然而正如納粹主義和東歐社會主義所展現的那樣，最終社會卻歸結回極權主義與資本主義中，那種前所未見的瘋狂物神崇拜。人類從中世紀束縛中解脫、獲得了自由，最後反而以「逃避自由」的方式告終。佛洛姆在《逃避自由》中縝密地分析了人類逃避自由的原因，同時也思考人類如何才能實現真正的自由。

本書的目標是要以《逃避自由》為線索來介紹佛洛姆的思想；同時，本書也詳細談到了佛洛姆的生平。藉由談論佛洛姆生平，我們會探討許多思想，因為佛洛姆的思想與他的生活密不可分。在閱讀有關他生平的部分時，你將能夠切身感受到他的思想是如何深深根植於具體的生活之中。

在好一段時間裡我寫了很多關於佛洛姆的書。儘管這些佛洛姆思想的書重要性不容忽視，但它們卻沒有引起讀者廣泛的關注。在這本書裡，我試圖修正並完善這些研究，同時也期待以更清晰、有趣的方式論述，讓這本書在韓國再次吹起佛洛姆風潮。由於這是一本通識類的圖書，因此並未一一列舉我所參考的所有現有研究，這部分希望讀者能諒解。

佛洛姆的書並非單純以傳遞知識為目標，而是想讓讀者能在人格上有所轉變，希望讀完這本書後，讀者能過上更健康、更豐富的生活。最後，我要由衷感謝包括姜智恩在內的所有「首上名講」① 的成員，是你們成就了這本書。

① 編註：韓文原書系列「首爾大學上不了也能聽的知名講座」（서울대 가지 않아도 들을 수 있는 명강）之簡稱。

第 1 章

唯有愛能拯救我們脫離不安與絕望

佛洛姆的生活建立在批判性、獨立性和開放性的思考基礎上，他擺脫了占有欲，與他人和事物交流，實踐了世界主義精神的人生。從這一點來看，我認為佛洛姆的人生確實具體體現了何謂「以生命為定向」的生活。

誕生於混沌世界的愛的哲學家

出版的書，本本暢銷

埃里希・佛洛姆是撰寫了多本全球暢銷書的思想家，其著作包括《逃避自由》、《愛的藝術》（*The Art of Loving*, 1956）、《占有還是存在》（*To Have or To Be*, 1976）等。他是二十世紀思想家中最受普羅大眾喜愛的思想家。《愛的藝術》在全球銷售了兩千五百萬本，至今仍獲哈佛大學生選為最喜歡的書籍，而《占有還是存在》則在全球銷售了一千五百萬本以上。哲學家中應該沒有其他人能像他一樣擁有這麼多普通大眾讀者。

說起哲學家中最具影響力的人，當屬馬克思（Karl Heinrich Marx）了。馬克思哲學在二十世紀下半葉成為了主宰半個世界的意識形態，但是，會直接閱讀馬克思代表作《資本論》（*Das Kapital*）的人應該不多。《資本論》對一般人而言是讀起來

埃里希・佛洛姆（1900~1980）。

相當困難的書——然而，任何人都能輕鬆消化佛洛姆的書。

如此受大眾喜愛的事實，在專業哲學界中似乎是相當不利的因素。在專業哲學界裡，佛洛姆往往被評為沒有深度的通俗思想家。人們傾向於把晦澀當作「有深度」，通常會景仰那些說話讓人似懂非懂的哲學家，並把這些哲學家視為了解世界奧秘的人。在專業哲學界中，這種傾向又更為嚴重。

但哲學所涉及的所有主題實際上都是，即使沒有專業哲學知識的基礎，任何人也都能提出自身意見的。正如康德（Immanuel Kant）所說，哲學的所有問題都能歸結到「人是什麼」這個問題上，只不過如今的我們已經對人類的本質有了一定程度的理解——正因為我們理解人是什麼，才會說出「那個人不像人」，或是「這件事沒有人性」。

基於對人類的這種一般理解，我們完全能對人的本質做出精彩的辯論。在我的課堂中，有個只有一年級學生才能參加的新生研討。這個研討會從頭到尾都是用辯論的方式進行，討論主題涵蓋哲學的核心主題，有「人類」、「幸福」、「宗教」、「正義」等題目。雖然參與的學生大多沒讀過哲學書，但這個研討會的辯論水準卻相當高。由此可見，哲學文章絕對不需要讓人覺得困難。

關於用清楚又簡單的方式呈現深奧思想，我認為佛洛姆是一位代表性的思想家。佛洛姆的著作中包括了精神分析家的經驗，所以內容非常具體，只要談論到一點抽象的部分，佛洛姆就會舉出具體事例說明。佛洛姆之所以如此寫作是因為他認為，讀者無法理解的內容是毫無意義的，我從佛洛姆的著作中看到了他對讀者的尊重。佛洛姆之所以能贏得大眾的喜愛，其中的重要原因之一，就是佛洛姆這樣子的寫作方式。佛洛姆的著作向人們展示了如此的寫作方式，尤其為哲學性文章提供了典範。

曾經有段時間，以黑格爾（Georg Wilhelm Friedrich Hegel）與海德格（Martin Heidegger）為首的德國哲學被公認為晦澀難懂的哲學。不過，從德希達（Jacques Derrida）直到德勒茲（Gilles Deleuze）的法國哲學，其難懂程度似乎又遠遠超過了德國哲學。如果是佛洛姆這類的人，應該會厭惡這種晦澀且模糊的寫作。佛洛姆認為，無論多麼深奧的哲學內容，都應該要寫得夠清楚，讓大眾得以理解，我也贊同這個想法。當然，不論禪宗佛教中所說的「頓悟」或基督教神祕主義中所描述的「與神合而為一」恩寵體驗，都是用言語無法完全表達的。儘管如此，關於這種經歷具有怎樣的特性，一般還是可以描述得讓讀者有些大概的推測。

佛洛姆診斷了現代社會中人們所面臨的各種病理現象，例如：自殺、憂鬱症、酒精中毒、孤獨感、無力感的根本原因，同時也找出了克服這些問題的方案。他所講述的主題都是現代人自身會經歷或周遭的人有經歷過的現象，所以對大眾而言是很有感染力的。人們從佛洛姆描述的病態人類形象中發現了自己的影子，並對佛洛姆提出的療法產生了共鳴。

自由精神體現者

佛洛姆在大眾間引起極大關注的另一個原因是他開放且平衡的思維態度。佛洛姆廣泛吸納人類歷史上出現的各種宗教、哲學、心理學之見解，同時以自己獨有的方式綜合了這些見解。他所展現的這種綜合能力在二十世紀思想家中絕對是獨一無二的。佛洛姆不受特定宗教、哲學或心理學派的某個思潮所約束，他接受禪宗佛教、猶太教神祕主義、基督教神祕主義、存在主義、馬克思主義與佛洛伊德（Sigmund Freud）的精神分析學等見解，他欣然接受一切有助於人類成長和幸福的觀點。

從這點來看，我認為佛洛姆是二十世紀裡最開放且平和的思想家，也是尼采

（Friedrich Wilhelm Nietzsche）所說「自由精神」的最佳體現。尼采的「自由精神」是指能夠從多種不同角度看待同一個事態，不受特定觀點侷限的精神。以「自由精神」的方式生活並從事學術研究，這看似理所當然，但實際上要做到卻並不容易。對於稍微不同於自身信仰的言論，人們往往會摀住雙耳選擇不聽，尤其是在政治或宗教問題上，這種傾向加倍嚴重。

從歷史可見，人類總是在搭建框架，並根據這些框架來詮釋一切，各式各樣的框架包括了：真基督徒與異端的框架、高貴雅利安人與邪惡猶太人的框架、優秀白人與劣等黑人的框架、偉大美國與邪惡軸心國的框架、社會主義者和反動分子的框架、愛國勢力和赤色分子[1]的框架，還有最近在韓國新登場的獨立運動勢力與土著倭寇[2]的框架等。這些立基於框架的思考方式，建立在非黑即白的邏輯上，被認定為「正常」的群體就視為「絕對的善良」；而被認定為「不正常」的群體，則被視為「絕對的邪惡」。

宗教人士與政治家常透過建立這種框架來迷惑大眾並掌握權力，而大眾往往會輕易地受框架下的煽動所騙。人們會認定自己是善良的，將不同於自己的人視為邪惡的，這是因為人們需要滿足自身的自戀需求。就連那些自稱最具批判性智慧的哲學家們也常常陷入框架之中，他們會急於證明自己所相信的哲學學派是合理的，並強烈排斥其他哲學思潮。

例如：陷入馬克思思想的人可能認為馬克思主義就是絕對真理，進而排斥其他哲學思想，將其他思想視為資產階級反動的意識形態；而陷入存在主義之中的人也同樣地排斥馬克思主義。然而，佛洛姆卻將馬克思主義與存在主義的見解都納入了他的思想中。馬克思與佛洛伊德等人將宗教視為負面事物，然而佛洛姆不僅將他們這類的人類中心主義思想家視為自己的精神導師，同時也將佛陀與耶穌視為自己的導師。

---

① 譯註：韓國對共產黨成員或共產主義者的稱呼。

② 譯註：「土着倭寇」即指「本土親日派」。此為韓國政治圈用詞，主要被韓國自由派與進步派用來戲稱親日的韓國保守分子。

令人驚訝地，佛洛姆雖抱持如此開放的態度，他卻是一位激進派的思想家，他視資本主義為導致人類墮落的邪惡體制，並主張對資本主義全面變革。即便看到東歐實際的社會主義試圖實現馬克思理想，結果讓社會主義淪為少數官僚徹底支配國民的極權主義，佛洛姆依舊沒有喪失對烏托邦的夢想。佛洛姆認為馬克思的真正理想是「人本的社群式社會主義」（Humanistic Communitarian Socialism），他相信這樣的烏托邦終得以實現——像這樣激進的思想家一般容易陷入傲慢與自以為是，認為自身立場最正義且為之辯護，並認為其他思想是反動思想，進而排斥。

佛洛姆致力於保留人類的偉大遺產，他不放棄任何部分，而是藉由創造性的方式來繼承它們，讓現代人的生活盡可能更加充實豐富。由此可見，所謂的「大眾」思想家佛洛姆並非「通俗」的思想家，他為人類提供了新穎且平衡的哲學觀，我們能把他看作一位思想的巨人。在常被稱為「意識形態時代」的二十世紀裡，他不執著於任何思潮，開創了史無前例開放、靈活、有深度與具統一性的思想。

我認為佛洛姆的書籍之所以能引起眾人的關注，最主要是他開放且多元的思維態度所造成的。教條式的哲學往往只會引起某特定群體的關注，而難以在各種群體中都獲得廣泛關注。

夢想著愛的革命

佛洛姆認為愛才是拯救人類擺脫不安與絕望的唯一解決辦法，而且他認為真正的愛不僅是對身邊少數幾人的愛，愛還具有世界主義的特性。因此，佛洛姆是為實現世界和平與人本主義社會而努力的。

佛洛姆是出生於德國的猶太人，他為了躲避納粹的迫害而流亡美國。儘管帶著這樣的傷痛，佛洛姆卻仍反對以色列建國。由於巴勒斯坦人已長期生活在那片土地上，他認為猶太人只因過去曾擁有這片土地就搶奪是不妥的行為。佛洛姆擔心以色列的建國可能導致巴勒斯坦人與以色列人不斷發生衝突與戰爭。以色列建國後佛洛姆還發起運動，幫助被以色列政府奪走土地的阿拉伯人拿回他們的土地。另外，他也和鄂蘭（Hannah Arendt）、愛因斯坦（Albert Einstein）等人共同為了中東的和平而努力。

佛洛姆為實現世界和平更進一步地展開了持續性的行動。他曾寫信給有影響力的政治家和記者，討論廢除核武與裁軍等問題，並取得了一定的成果。當時人本主義的參議員尤金．麥卡錫（Eugene McCarthy）反對越戰，佛洛姆還在他七十六歲時參與了尤金．麥卡錫的總統競選活動。佛洛姆走遍全美各地發表無數次演說，雖然最後因過勞影響健康而中斷了助選活動，他依舊沒有停止為世界和平努力。即便患有嚴重的心臟疾病，但只要是有助於實現和平大義的工作，無論演講或寫作，他都不會推辭。

努力過著「存在型態」生活的思想家

佛洛姆在《占有還是存在》中將生活模式分為「占有指向型生活」與「存在指向型生活」，換句話說就是「占有型態」與「存在型態」。占有指向型的生活是指，以擁有更多物質、名聲或地位的方式來找尋人生意義的生活模式；相反地，存

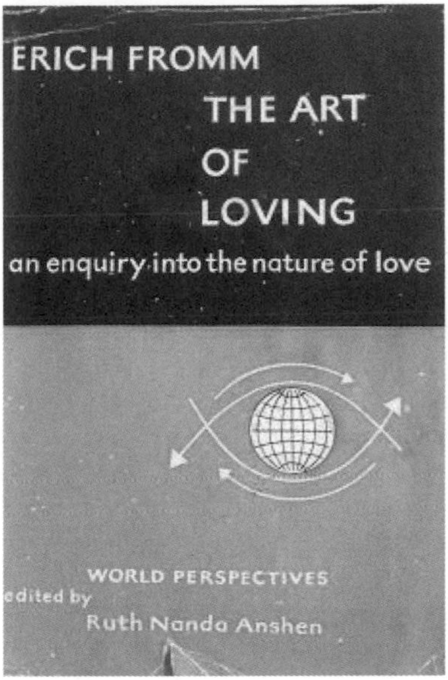

佛洛姆的代表性著作《愛的藝術》和《占有還是存在》的封面。

在指向型的生活則是，透過實現人類本質的能力，例如：智慧與愛等能力來完整自我，並在其中尋找人生意義。存在指向型的生活是一種尊重一切事物，與萬物交流並幫助它們成長的生活方式。

佛洛姆主張我們應該超越占有，去實現愛，而他本人也是遠遠擺脫了占有欲。《愛的藝術》在德國銷售超過五百萬本，雖然佛洛姆只拿到了微薄的版稅，但他完全不認為錢是個問題，佛洛姆表示：只要讀者從他的書中得到幫助，他便已滿足。佛洛姆將上午時間視為研究與思考的神聖時間，在這段時間裡他不做任何和賺錢有關的事。為了拯救在納粹統治下受苦的猶太人、為了維護世界的和平，佛洛姆總不惜耗費金錢與時間，而且他對待二婚妻子的兒子就像愛自己的親兒子一樣。

知行合一的人自古以來就很少見，尤其是在今日，就連哲學都已淪為一種知識性的分析工作，如今要找到像佛洛姆這樣的哲學家更是困難。在這樣的時代裡，我認為佛洛姆是極少數能言行一致的哲學家之一。他的生活奠基於批判、獨立、開放的思維，他擺脫了占有欲，去和他人交流、接觸事物，並實現了世界主義式的愛。從這點來看，我認為佛洛姆親自具體展現了存在指向型的生活。

當然，佛洛姆也有著許多人性上的弱點。在勞倫斯．傅利曼（Lawrence J. Friedman）所著的《愛的先知：佛洛姆傳》（*The Lives of Erich Fromm: Love's Prophet*）中提到，佛洛姆也曾經傲慢、冷漠、信仰權威主義，當他認為自己的哲學思想受其他哲學家不當批評時，他也會覺得受傷。

此外，儘管佛洛姆全心全意照顧第二任妻子，但妻子依然無法戰勝嚴重的病痛與憂鬱症，因而自殺，這使得佛洛姆也曾經歷過一段憂鬱的日子。然而不可否認的是，對於存在指向型生活，佛洛姆並非只是嘴巴上說說，而是真正努力在實踐這種生活型態。

為拯救自己，我們現在該做什麼？

不安到無法忍受的孩子

佛洛姆於一九〇〇年出生於德國工商業中心的法蘭克福，是猶太家庭中的獨生子。佛洛姆的祖父是猶太教的神職人員拉比，因此也是法蘭克福猶太人群體的領袖，其祖母則是德國正統猶太教的拉比的女兒。

佛洛姆的父親是相當成功的葡萄酒商，然而在知名拉比輩出的家庭中，相較於閱讀聖經、討論聖經，賺錢被視為微不足道的事。因此，佛洛姆的父親一生都很後悔自己沒有成為拉比，並認為自己是十位手足中最不出色的孩子。儘管佛洛姆的父親沒有成為拉比，但是他徹底遵守著猶太教的習俗與規範。然而，佛洛姆卻認為這樣的父親缺乏真正的靈性。

與父親的家族相比，佛洛姆母親的家族就顯得很平凡。佛洛姆的母親家庭經濟困難，為了不成為家中經濟上的負擔，在挑選老公時她不是選擇愛情，而是考慮了更多的經濟條件。佛洛姆的母親原本性情開朗活潑，但結婚之後，這樣的性格竟然消失了。

佛洛姆把父親描述成「忐忑不定，過於執著，且過度不安的人」。父親不斷地擔心佛洛姆，即便佛洛姆已經有了年紀，父親還是把他當作小孩子般對待。甚至因為擔心已經長大成人的佛洛姆會感冒，父親把佛洛姆一直關在家裡。

佛洛姆的母親深受憂鬱症困擾，時常哭泣。和憂鬱的人相處，自己也容易變憂鬱，佛洛姆就經常因母親的關係而陷入憂鬱的情緒。年幼的佛洛姆看著這樣的母親，覺得自己應該保護母親免於父親的傷害。佛洛姆的母親本來想生女兒，所以她讓佛洛姆留長髮，甚至都過少年時期很久了還讓他穿女裝。母親將自幼聰明伶俐的佛洛姆視為自己的驕傲，試圖藉佛洛姆實現自身的願望。雖然佛洛姆喜歡小提琴更勝鋼琴，但母親卻強迫他學習鋼琴，只因為她希望佛洛姆能像波蘭著名鋼琴家兼政治家帕德雷夫斯基（Ignacy Jan Paderewski）一樣。母親在佛洛姆五十九歲時去世，直至最後，她都執著地把佛洛姆當作自己的分身。

佛洛姆在《愛的藝術》中提到，掌控欲、占有欲與自戀傾向，也就是所謂的自我陶醉性格，這種狀況可能會介入母親對子女的愛中，從而扭曲了母親的愛。只要母親把孩子當作自己的一部分，她對孩子的自豪與愛就很可能演變成自我陶醉的滿足感。再加上孩子完全依附於母親，因此掌控欲和占有欲越強的女性，越容易想去滿足這種欲望。這種女性在孩子成年、結婚後也會想把孩子綁在自己身邊。

有自我陶醉性格、掌控欲和占有欲強的女性，只有在孩子脆弱時才能成為「有愛」的母親。然而真正懂愛的女性——也就是相較於接受，更會因為付出而感到幸福的女性——才能在孩子獨立時，成為愛子女的母親，這種母親有助於孩子成長為獨立的人。

由此可見，佛洛姆認為男女的愛情與母愛間存在著根本的差異，男女的愛情是分離的兩人合而為一；母愛卻是本為一體的兩人一分為二。真正的母親，是會為了讓孩子從自己身上分離出去並成長為獨立的人而付出一切，除了孩子的幸福以外，她不期望任何回報。然而這並非易事，所以很多女性會在這方面失敗。

如果母親的掌控欲與占有欲導致孩子成年後無法獨立，孩子就很容易成為「媽寶」——即便都成年了，他還是會掛在母親的胸脯上，尋求母親無條件的保護、溫暖、關懷與稱讚。只有在得到母親的照顧和稱讚時，他才會感到幸福，一旦出現可能要與母親分開的危機，他就會感到無法忍受的不安。

這樣的人就算在母親去世後還是會依附著母親，只有遇到像母親一樣讚揚他並給他溫暖關懷的女性，才會讓他有安定感。但是這種人只希望被愛卻不願意付出愛，還把自己對女性的期待與渴望誤認為純粹的愛。要是女性沒有不斷讚揚他，而是主導著女性自己的生活或是想要被愛、被保護，他就會受傷，對女性感到幻滅並開始表現憤怒。他會覺得：「那個女人已經不愛我了，她很自私，想主宰一切。」用這樣的思考方式合理化自身的憤怒。

母親對孩子的影響是很關鍵的，母親對生活的愛會傳達給孩子，而母親的不安也同樣會感染孩子。母親應該教導孩子熱愛生活，幫他們培養出「生活很美好」的積極精神。為此，母親不僅要成為「好母親」，還要當一個幸福的人。可惜這樣的母親並不多，佛洛姆的母親也是個不幸之人。

佛洛姆第一次結婚的對象是大他十一歲的精神分析家弗里達・賴希曼（Frieda Reichmann），此外，佛洛姆也曾和大他十五歲的著名精神分析家卡倫・荷妮（Karren Horney）發生過關係。我們可以發現，佛洛姆似乎試圖從這些女性身上尋找一個會稱讚他、照顧他的母親形象。

雖然父親對子女的影響可能比母親小，但一位對子女過度執著的父親，其阻礙子女健康成長的程度也不亞於母親。這種父親會將所有的愛與關心全部投注在孩子身上，雖然他是一位「好」父親，但同時也是權威主義式的父親。滿意孩子的行為時，會稱讚孩子並溫暖地對待孩子；感到不滿時就責備孩子。對孩子而言，父親擁有絕對的權威，因此這樣的孩子會以奴隸般的態度執著於父親，並且把「讓父親開心」視為人生的主要目標。

這種人成年後仍會試圖在自己愛戴的長輩身上找尋父親的形象，並致力於從長輩身上尋求認可與愛。要是這個人有良知、勤奮且值得信賴，就能得到長輩的支持，並在社會上取得成功。雖然這種人可能會發展出一定程度的自主性，但也只有在對他們下達命令並給予獎懲的權威存在時，他們才會發展出自主性。

這一類人可能會對男女關係不怎麼感興趣，他們不僅認為女性不重要，而且其中也可能有很多輕視女性的狀況。一開始他們會以陽剛的性格感動女性，但與之結婚的女性終究會發現，相較於埋首投入的工作和事業，在丈夫的生活中妻子永遠都是次要的，然後他們就會對彼此越來越失望。

佛洛姆的父親不是權威主義，在對待佛洛姆時，父親反而比母親還要溫柔，問題在於他過度擔心佛洛姆，對佛洛姆相當執著。過度擔心子女的父母看起來似乎是太愛孩子了，然而這種過度的擔心並不是愛。當父母沒有全然的能力愛孩子時，他們會以過度關注的方式來彌補不足。在這種情況下，父母們相信自己深愛孩子，但事實上卻是想將孩子塑造成他們想要的樣子；而孩子因為怕被父母責罵，也努力照父母期待的樣子生活。不只如此，這些孩子還會被父母對生活的敵意所感染。

佛洛姆父母的婚姻生活相當悲慘，若沒有佛洛姆，他們的婚姻是無法維持下去的。為彌補如此不幸的婚姻生活，佛洛姆的父母對獨生子佛洛姆很是執著。若父母不愛彼此，卻壓抑著爭吵，不表達各自的不滿，孩子會對這種家庭氛圍感到不安與害怕。小時候佛洛姆就在家人身上感受到了疏離感，並產生想要擺脫的衝動。

正如佛洛姆在《愛的藝術》中所說，只有人格成熟的人才能真正地愛人，但佛洛姆的父母並不具備成熟的人格。在父親對自己不斷的擔憂與母親窒息般的占有欲下，佛洛姆承受著無比的痛苦。佛洛姆表示，在這種父母底下長大的他，成為了不安到無法忍受的孩子。

佛洛伊德認為，強迫症或憂鬱症等精神官能症的根源，在於童年時期對本能欲望的壓抑——而這是源於童年時期未能得到父母真正的愛。如果父母能給予孩子溫暖且成熟的愛，強化孩子的安定感，支持孩子發展自主性和創造力，那麼孩子日後就不會產生精神官能症，能夠過上幸福且有生產力的生活。

佛洛姆表示，他的父母只是對他很執著而已，實際上並不關心他的發展和成長，父母親沒有把他當成一個獨立的個體來對待。後來佛洛姆認為，真正的愛應該具備的條件之一就是「尊重他人」，這個觀點可能是受到他自身的經驗所影響。佛洛姆說，他自小就經常對人們不合理的喜好與行為感到疑惑，而他之所以如此，其中一個原因可能就來自於他的父母。

佛洛姆在陰鬱氛圍籠罩的家庭環境中長大，因此成年後他經常感到疏離與憂鬱。就某種層面而言，佛洛姆被父母與家庭傷害，而他的人生也算是自我治療這些傷痛的過程。因此，勞倫斯・傅利曼是以最佳的自我療癒「醫生」一詞來形容佛洛姆的。

夢想成為塔木德研究家的少年佛洛姆

不管是佛洛姆父系那邊還是母系那邊的家族，他們全都篤信猶太教。由於在這樣的家庭環境中成長，小時候佛洛姆的夢想是成為猶太教經典《塔木德》（*Talmud*）的研究家。他批評資本主義社會裡人們展現出執著的占有欲，是一種病態。對他而言，猶太祖先與猶太教的教師們是他畢生的榜樣，他們為研究猶太教經典、服侍並讚揚上帝，奉獻自己的一生。至今仍有很多人一提到猶太人就會想到《威尼斯商人》（*The Merchant of Venice*）中的夏洛克，覺得那是些愛錢、小氣、有商業頭腦的人，然而佛洛姆所尊敬的猶太祖先和教師們，對財富與事業都毫無興趣。

佛洛姆的外曾祖父曾經是一位《塔木德》研究家，關於他的外曾祖父，坊間流傳著以下軼事：佛洛姆的外曾祖父原本開著一家小店，但是收入太低難以養家餬口。某天有人提議，如果他能每個月到外地工作三天，就能保證得到鉅額收入。雖然子女眾多且生計困難，但他仍然拒絕了提議，理由是這樣他每個月會失去三天研究《塔木德》的時間。他在店裡也整天研究《塔木德》，據說客人光顧時，他還會因研究時間被占用而對客人發火，並說：「難道這裡就只有我們這間店嗎？」佛洛姆的這位外曾祖父是德國巴伐利亞州猶太人社會中最有名的拉比，佛洛姆一生都很尊敬他。

佛洛姆從十二到十六歲，都在以研究《塔木德》聞名的外曾祖父那裡定期接受與《塔木德》相關的教育。在接下來的故事中，我們能得知這位外曾祖父想將佛洛姆教育成怎樣的人。

曾經有一次，佛洛姆問外曾祖父，自己將來會成為怎樣的人。他原本期待聽到疼愛自己的外曾祖父說出讓他開心的答案，但外曾祖父卻回答：「一個老猶太人！」在佛洛姆過世後負責編輯他所有作品的萊納．馮克（Reiner Funk）認為，這種回答正是避免一切自負心態的典型猶太式回答。

從小就深受這些拉比的生活所感染的佛洛姆，雖然後來拋棄了正統的猶太教信仰，但拉比所展現出的這種生活態度仍長遠地影響著他，他認為這種態度是人類必須體現的理想生活。因此，佛洛姆也認為資本主義中的人大多時間都在賺錢中度過，這種生活是病態的。如果讓佛洛姆在現代資本主義社會與傳統猶太社會中擇一，他絕對會選擇傳統猶太社會。對於在法蘭克福猶太人社群中度過的年幼時光，佛洛姆如此形容：「人們將猶太教傳統的學習與繼承視為生活重心，這種生活很有中世紀的感覺。」

受戰爭衝擊震撼的少年佛洛姆

第一次世界大戰是佛洛姆在青少年時期所經歷過最至關重要的事件。這場戰爭很可怕，但也因此讓佛洛姆在心理上有大幅的成長。

佛洛姆在第一次世界大戰爆發前有過一段令人震驚的經歷。因為戰爭即將爆發，當時的德國充斥著對英國盲目的仇恨，原本以熱愛和平的人道主義者自居的教師和學生們都變成了狂熱的民族主義分子，他們視英國人為狡猾的魔鬼，認為英國人想殺害天真無邪的德國士兵。在民族主義狂熱與仇恨如此高漲的情況下，一位老師給學生出了一項作業，要學生背誦英國國歌。學生們表示他們不想學敵國的國歌，一半是出於玩笑心態，一半出於對英國的憎恨心理。這時，老師露出神秘的微笑，小聲地說：「你們是什麼意思？直到目前為止，英國從未在戰爭中輸過！」

老師的這句話讓佛洛姆體驗到，在瘋狂與憎恨的漩渦中也不失冷靜的理性之聲，這句話與老師所展現出的沉著態度成為了佛洛姆畢生的教誨。從那之後佛洛姆一直努力不受黨派的情緒所困，沒有被捲入激化的煽動性口號中。走過這些經歷，佛洛姆從民族主義自命清高和憎恨的瘋狂情感中清醒過來，他內心產生了疑問：「怎麼會發生如此慘絕人寰的戰爭呢？」

數百萬名素昧平生的人互相殘殺，包括他們的家人與友人在內的親近之人，全都陷入了永無止盡的悲痛，怎麼可能會有這種事呢？敵對的兩方陣營都主張自己不想打仗，雙方都只是為和平與自由而戰——那戰爭又怎麼會爆發呢？在戰爭中獲利的其實只有戰勝國的政治人物、將軍與富人而已，為什麼數百萬名士兵會自願走向相互殺戮之路呢？雖然這些問題是因第一次世界大戰這個契機而起的，但此後佛洛姆也一直專注於思考、探討這個問題。

第一次世界大戰瓦解了西方啟蒙思想的信仰，這種信仰主張人類是理性的存在，認為用理性的力量可以解決所有問題。此後，佛洛姆對人類非理性、破壞性的傾向與政治產生了濃厚的興趣。戰爭結束之際，佛洛姆已經成為對實現兄弟情誼的社會與和平的世界滿腔熱血的認真青年。同時，他對各種意識形態和官方宣言等都極度懷疑，開始認為我們「必須對所有事情抱持懷疑」。

從正統猶太教到無神論的人道主義

進入法蘭克福大學後佛洛姆雖然學了兩學期的法學，但其實他很想離開令人窒息的家庭，前往立陶宛的塔木德研究中心研究《希伯來語聖經》（*Biblia Hebraica Stuttgartensia*）和《塔木德》。不過，佛洛姆的父母不允許佛洛姆離開那麼遠，尤其是他的母親。於是一九一九年佛洛姆進了海德堡大學，他不僅學習法學，還上了德國歷史、馬克思思想、社會主義運動、心理學等多樣的課程。

同時，佛洛姆也在海德堡跟拉賓科夫（Rabinkow）拉比學習《塔木德》，據說佛洛姆在那四到五年的時間裡，幾乎天天都去拜訪拉賓科夫。拉賓科夫試圖結合社會主義和猶太教，他在舊約聖經的先知書和猶太神祕主義的哈西迪猶太教（Hasidism）中，找到了激進派人本主義的路線。

佛洛姆透過拉賓科夫認識了哈西迪猶太教並深受吸引。信奉哈西迪猶太教的猶太社群不崇尚追求財富累積，而是渴望過著「讚揚上帝、感謝上帝，過著喜悅且滿足的生活」。佛洛姆的存在型態思想可以說是從哈西迪猶太教中得到了許多的靈感。佛洛姆成長過程中接觸到的法蘭克福正統猶太教群體和哈西迪猶太教不同，法蘭克福正統猶太教強調遵守律法，並認為著重內在精神的哈西迪猶太教沒有原則、反覆無常。

佛洛姆後來提出，人本的社群式社會主義是人類應該實現的理想社會，然而他的如此理想也可以說是相似於哈西迪猶太教。佛洛姆所嚮往的「人本的社群式社會主義」超越了單純的平等分配財富，而是在一個有道德的社群內，獨立自主的個人相互分享著愛。

拉賓科夫對佛洛姆的影響不僅限於思想上，他還在生活態度方面深刻影響著佛洛姆。拉賓科夫通常靠吃鯡魚和一杯茶來勉強維持生活，並且每天早起，花很多時間潛心研究。沒在研究時，拉賓科夫會和學生們討論，這些討論是不收取學費的。拉賓科夫會以哈西迪猶太教為基礎來討論，討論中不時會展現他無比的幽默，佛洛姆也很喜歡他的幽默。

受到拉賓科夫對猶太教中普世主義和人本主義解釋的影響，佛洛姆最終放棄了正統猶太教，選擇了無神論的人本主義。佛洛姆將自己的這種變化與亞當偷食禁果的事件相提並論，認為這件事是自己人生中深具決定性意義的事件。正統猶太教有不能吃豬肉的戒律，連用豬肉做的香腸都不能吃，因此直到一九二六年，佛洛姆才鼓起勇氣買了豬肉做的香腸來吃。

雖然不再信仰猶太教，但佛洛姆依然認為自身思想是從猶太教激進的人本主義精神中發展出來的，也就是這部分徹底奠定了猶太教的根本精神。佛洛姆本來曾強力支持錫安主義（Zionism）——錫安主義是主張要在巴勒斯坦地區建立猶太國家的猶太民族主義，但在受到拉賓科夫人本主義猶太教的洗禮之後，他背離了錫安主義。佛洛姆認為，錫安主義是與猶太教人本主義根本精神和彌賽亞主義相互矛盾的狹隘民族主義。而後佛洛姆至死堅持對錫安主義持批判態度，對以色列也不抱好感，他強力支持阿拉伯人的權利，並批評以色列對阿拉伯人的打壓。

佛洛姆放棄正統猶太教的另一個原因是，他認識了佛教。一九二五年左右，佛洛姆透過格奧爾格・格林（Georg Grimm）的《佛陀的教義：理性和冥想的宗教》和《佛教的科學》接觸到佛教，因而頗有感觸。他稱讚佛教才是理性的宗教，因為佛教完全不接受任何不合理的神祕主義、啟示與權威。

佛洛姆在阿爾弗雷德・韋伯（Alfred Weber）底下研究，以一篇社會學論文取得博士學位。阿爾弗雷德・韋伯是偉大社會學家馬克斯・韋伯（Max Weber）的弟弟，他反對極端民族主義，信奉世界主義式的人本主義思想。佛洛姆身受阿爾弗雷德・韋伯對世界主義式人本主義的熱情與奉獻精神所感動，他後來在一封寫給阿爾弗雷德・韋伯的信件中提到，看到阿爾弗雷德・韋伯所展現的生活態度，是對自己而言最有意義的經歷之一。

佛洛姆參加博士學位的口試時，他的父親很擔心佛洛姆會因無法通過考試而自殺，然而佛洛姆以優異的成績通過了考試。那時，佛洛姆意識到父親正在將自身的自卑感與不安投射到他身上，與此同時，佛洛姆也開始學會了擺脫這種自卑與不安的方法。

開創精神分析學的新層面

一九二六年，佛洛姆與精神分析家弗里達．賴希曼結婚，佛洛姆因為她而正式接觸到了精神分析學。雖然兩人的婚姻只維持了四年，但離婚後他們還是維持著友好的關係。

直到一九三四年為止，佛洛姆都還是相信佛洛伊德原欲（Libido）理論的正統佛洛伊德主義者。不過從一九三五年起，他受到像卡倫．荷妮和哈利．蘇利文（Harry Stack Sullivan）這類的精神分析學家影響，他們認為人際關係在人類的心理形成與治療上都具有關鍵性的作用。他們認為最重要的治療手段是：讓患者分享所經歷的問題，並同時用溫暖的愛對待患者，與患者真誠地對話。

佛洛姆接受了這些觀點，從一九三五年開始，他的想法就與佛洛伊德原欲理論產生了分歧。佛洛伊德把性欲視為人類行為最根本的動力，認為人類與他人建立關係是為了滿足自身本能的欲望。然而佛洛姆認為，人類並非孤立的存在，而是在與其他人的關係中形塑自己的，他認為這種關係對人類的人格養成有重大的影響。之所以需要他人，並不是因為人類把他人當作滿足欲望的手段，反而是透過與他人的關係，人們才能成為真正的自己，並成長成完整的人格。因此，人類需要他人。

佛洛伊德認為精神官能症的起源在於，理性（ego，自我）尚不成熟的兒童，無法徹底解決自身性欲（id，本我）與父母權威（super-ego，超我）間的所產生矛盾，佛洛伊德將這種衝突稱為戀母情結（Oedipus complex）——年幼的男孩對自己遇到的第一位女性產生了性欲，其對象就是自己的母親，於是他與父親進入競爭關係，受到父親威脅。自我尚未成熟的孩子，無法用適當的方式處理這種競爭關係所引發的不安，於是就產生了精神官能症。

就佛洛伊德看來，孩子是貪婪的存在，孩子除了將父母當作性衝動的對象，想著如何誘惑父母外，似乎沒有其他任何的想法。換句話說，近親相姦的幻想成為了兒童本質的一部分。佛洛伊德的原則從根本上來說，孩子是「罪人」，父母不是。

佛洛姆認為佛洛伊德的這種兒童形象，就是在父權制社會中，父母面對兒童的形象，而他認為這種形象乃源自於孩子需要對父母權威進行自我防衛。在父權社會中，父母最在意的是管教孩子，而父母的愛又具施虐性質——「你要盡力表現，只要你不違抗我對你的控制，我就會愛你。」這就是父權社會中，父親對子女的愛或丈夫對妻子的愛。

在父權社會中，孩子被視為財產，在這樣的社會裡父母會不知不覺地傷害孩子，甚至常會假以高尚的理由來傷害孩子。父母不但傷害孩子的自尊，讓敏感、聰明的孩子覺得自己是個傻瓜；同時，他們也以各式各樣的手段，來壓抑孩子潛在的自信與對自由的渴望。

佛洛姆認為精神官能症並非源於孩子與父親間的性競爭，而是源於父權社會氛圍下父母對孩子所行使的權威性壓迫，以及兒童對此的反抗。孩子欲反抗父母的權威性壓迫，但以失敗告終——孩子們因此受到的傷害，才是所有精神官能症的根源。伴隨著這種傷害，孩童的自主性、主體性與創造力會逐漸減弱或麻痺，這樣的孩童在長大後也不會依靠自己，而是依靠著神、財富、名聲、強迫性禮儀、社會輿論或流行等匿名的權威。

佛洛姆認為，孩子們對父母親抱有強烈的情感連結，而不是性方面的熱情。母親是給予照顧與關愛的人，父親則是給予教導的人。尤其當孩子與母親在情緒、肢體上沒有深層接觸時，孩子的心智發展會嚴重損傷，也就是說，和母親接觸對孩子來說是最原始的需求。

前面提過的人本主義心理學家哈利．蘇利文的實驗也顯示，相較於性欲，其實對「溫暖人際關係」的需求才是人類最原始的需求。在華盛頓聖伊麗莎白醫院工作的哈利．蘇利文，要求醫院專門為自己的病患準備病房，並要求只有以人性化方式對待患者的護理師才能在該病房工作。在病患受到護理師尊重，不被侮辱或虐待的情況下，患者的康復率顯著提高。哈利．蘇利文對精神分析學的貢獻在於他揭示了——要實現心理健康的生活，重要的不是原欲，不是對性欲的滿足，而是溫暖的人際關係。

進一步的研究顯示，有些思覺失調症患者在幼年時期並沒有遭家人虐待，然而他們成長於無聊、了無生氣、對彼此缺乏真誠與愛的家庭，這導致他們在人際接觸方面的渴望無法得到滿足。

佛洛姆認為，在與他人的關係中我們也許會受傷害，但也會因此得到安慰與活力，因此他一直都試圖與病患建立親密的關係。透過患者和精神分析家間的親密對話，兩者對彼此打開心房，融為一體，佛洛姆稱這種關係為「與患者共舞」。哈利．蘇利文認為，精神分析家觀察病患時，不應該把自己從患者身上分離出來，而是要成為一位「參與的觀察者」；佛洛姆則更進一步提出，精神分析家應該成為「觀察的參與者」。前者的「參與」一詞帶有駐足於患者之外的意涵，要想真正了解病患就要深入他們的內心，成為他們。只有在自己經歷過患者所經歷的一切時，精神分析家才能理解患者。

佛洛姆稱其精神分析學為人本主義的精神分析學。這種精神分析學的目標，不只是在幫助患者成為能適應社會的人，更要幫助他們發展出如異性間愛情之類的人類本能。在如此強調人類本質能力的同時，對於通俗精神分析學將兒童視為父母和環境所塑造之結果，佛洛姆也提出了批判的觀點。

關於「為什麼我是現在這個我」，通俗的精神分析學認為，一個人之所以成為了現在的自己，是因為小時候的環境具備了成為現在這個「我」的條件。然而，如果人類的一生全然由環境和條件決定，那麼人類也就不可能成為獨立的個體了——人們小時候依賴母親或父親，成年後則依賴精神分析家或有權威的政治家等人物。

但是佛洛姆認為，即便是四、五歲的孩子也有能力自主地反應。因此，我們不能說「現在的我之所以長這樣是因為母親的錯誤教育」，我們應該自問：「為了不受到父母與外界的影響所壓迫，我做了什麼？」重要的不是問「為什麼我會成為現在的自己」，而是問「我是誰」、「我能做哪些不一樣的行動」，還有「為了自救，我現在該做什麼」。

無盡反思所留下的特殊遺產

精神分析學與馬克思主義的結合

佛洛姆試圖以心理學結合社會學，來開拓分析社會心理學的新領域。由於佛洛姆對這方面的興趣，他從一九三〇年到一九三八年間都在社會研究中心工作，而社會研究中心正是法蘭克福學派的搖籃。當時他嘗試結合精神分析學與馬克思主義，佛洛姆在社會研究中心裡和麥克斯・霍克海默（Max Horkheimer）以及赫伯特・馬庫色（Herbert Marcuse）互動，並開始接近馬克思的思想。

在研究馬克思的過程中，佛洛姆對他的評價比對佛洛伊德還高。佛洛伊德沒有完全擺脫「女性陰莖羨妒」的父權思考方式，並且傾向輕忽社會與歷史帶給人們精神層面上的影響。然而，馬克思不僅擺脫了父權主義思維，還擺脫了父權社會灌輸給人們的所有偏見。

佛洛姆受馬克思對世界和平與世界主義的熱情所感動。馬克思對人的完整性與歷史的進步有著堅定的信念。就這點而言，馬克思思想根基於人本主義的傳統，而人本主義的傳統是由舊約先知書透過基督教、文藝復興和啟蒙思想繼承而來的。

佛洛姆認為自己對世界和平與世界主義的渴望，源於從小接觸舊約聖經時所受到的感動。佛洛姆尤其深受舊約聖經中的以賽亞、阿摩司、何西阿先知所感動，末日預言中有一段內容寫道：「祂必在列國施行審判，為列邦平息紛爭。他們必把刀劍打成犁頭，將矛槍打成鐮刀。國與國不再刀兵相見，人們也不再學習戰事。」對年幼的佛洛姆來說，這激起了他對人類社會充滿兄弟情誼的渴望。

另外，佛洛姆認為自己身為猶太人的身分，也是他對於實現世界和平與世界主義很感興趣的原因之一。他從小就切身地體驗到德國社會中充斥著的反猶太主義。對佛洛姆而言，沒有任何東西能像世界和平與世界主義這種先知式的視野還更加鼓舞人心。

雖然佛洛姆對馬克思的評價很高，但他卻極力批判東歐社會主義。他認為東歐社會主義是野蠻的社會，由少數標榜著馬克思主義的官僚統治著一般大眾。他認為東歐社會主義醜化了馬克思所嚮往的社會主義，為建立真正的社會主義社會，他試圖確立真正的社會主義哲學。

佛洛姆認為，實現烏托邦僅靠單純的社會結構變化是不夠的，還必須伴隨人類性格根本上的變化，而這種變化恰可比擬成宗教上的回心。由此可見，佛洛姆對馬克思是持批判態度的。馬克思傾向於認為，我們今天所經歷的所有惡，都源於資本主義這個錯誤的社會結構。因此，馬克思認為只要糾正這種錯誤的社會結構，人類就會發揮本來存在的善良本性，形成充滿愛與和諧的社會。

佛洛姆認為這種樂觀主義的世界觀過於天真，要實現人類的變革，人類個人努力的必要性並不亞於社會結構的變化。而且佛洛姆認為，關於實現自己內在的變革，耶穌、佛陀、猶太教的神秘主義、基督教的神秘主義、存在主義哲學與佛洛伊德的心理分析學等，都提供了我們重要的觀點。

佛洛姆在社會研究中心做的代表性研究之一，就是調查德國勞工的心理傾向。

調查前，佛洛姆與其研究中心的同事們都期待調查結果是「德國勞工有反權威主義的進步傾向」，然而結果卻截然相反。

調查結果顯示，有八二％的受訪者贊同社會民主黨或共產黨等左翼政黨的理念，同時也表現出權威主義的傾向，只有一五％的受訪者具反權威主義傾向。換句話說，只有一五％的人具有與權威主義政黨鬥爭的自主性、勇氣與犧牲精神。在社會主義政黨的支持者中，有二五％的人支持體罰制度，其中有的人模糊地表現出權威主義的傾向（占二〇％），有的甚至表現出嚴重的權威主義傾向（占五％）。

因此，儘管勞工們在意識層面上反對法西斯主義，但在無意識的性格層面上，卻可能對法西斯主義漠不關心或表示贊同。佛洛姆甚至認為，這顯示勞工對待地位較高的人表現得低聲下氣，對地位較低的人則往往會輕視對方。研究中心期待以勞工為主軸做出社會主義革命，但這種調查結果對他們來說卻是個嚴重的衝擊。這項調查後來也成為了佛洛姆撰寫《逃避自由》的重要資料之一。

第二任妻子之死、第三段婚姻，以及愛的喜悅

一九三三年納粹在德國掌權後，身為猶太人的佛洛姆為躲避納粹迫害，逃亡到了美國。隨著納粹對猶太人的迫害公開，佛洛姆不遺餘力地協助德國的親戚與朋友離開德國。

佛洛姆於一九四四年與漢妮・古蘭（Henny Gurland）結婚，這是他的第二段婚姻。漢妮為躲避納粹的迫害，在逃離德國的途中被炸彈碎片擊中，導致嚴重的類風濕性關節炎與憂鬱症。佛洛姆接受了醫生的建議，他們認為墨西哥城附近的礦物質溫泉有助於治療漢妮的疾病，便於一九五〇年移居墨西哥。不過，礦物質溫泉對漢妮的身體並沒有產生幫助，她的憂鬱症越來越嚴重。佛洛姆無微不至地照顧患有慢性疼痛與憂鬱症的漢妮，每當她病情加重，佛洛姆就會停止寫作與講課，幾乎二十四小時都在照顧她。然而沒想到，她卻在一九五二年做出極端選擇，結束了自己的生命。

妻子的去世讓佛洛姆在精神上遭受了嚴重的創傷，幸運的是一九五三年他和美國出身的安妮斯．弗里曼（Annis Freeman）墜入愛河，並在婚後重新找回了活力。安妮斯美麗優雅且活力充沛，在她一九五八年被診斷出患有癌症時，深愛著安妮斯的佛洛姆甚至表示，若安妮斯離世他自己也會跟著離開。安妮斯同樣深愛著佛洛姆，佛洛姆去世時，她說：「佛洛姆之死嚴重動搖了我的人生。」平時偶爾會抽一、兩根菸的安妮斯，在佛洛姆去世後開始持續吸菸，佛洛姆去世的三年後，她因悲傷、大量吸菸，以及癌症的關係離世。一九五六年出版的《愛的藝術》可算是兩人深刻愛情的結晶。

佛洛姆在《愛的藝術》中提到，男女之間的愛其實是一種渴望，希望將不同的性別完全融合在一起，兩人所追求的是，在其他關係上難以見到且只屬於兩人的深厚親密感。佛洛伊德覺得男女間的合一與愛情是性欲的表現或昇華；而佛洛姆則認為，性欲體現了我們渴望男女間的合一與愛情。

佛洛伊德認為性欲是身體上化學性產生的痛苦緊張狀態，男女間性行為以解除這種緊張狀態為目標。但是佛洛姆認為，如果性欲就像佛洛伊德所理解的那樣，那麼自慰對排解性欲來說才是更理想的手段，因為男女間的性行為要經歷相互推拉的複雜過程，而自慰卻不需要。

佛洛姆認為佛洛伊德忽視了男女間的兩極性與兩極相結合的欲望。他認為男女之所以相互感受到性魅力，只有部分是出於想滿足性欲的欲望，實際上更多的是源於想與另一個性別合而為一的欲望。女性不僅會受男性的性功能吸引，也會受男性的性格特質吸引，而男性也是如此。男性性格具有積極性、領導力與冒險精神等特性；女性性格則具有接納性、細心關懷、母愛等特點。當然，佛洛姆認為每個人的性格都混和了以上兩種特質，只是其中一種會比較占優勢而已。

然而，佛洛姆也表示，男女間的愛情可能成為最欺騙性的事物。電影與小說經常把愛情描寫得像羅密歐與朱麗葉的愛情那般，愛情常被稱為「偉大的愛」，但實際上愛情卻往往具有一種「偶像崇拜」的性質。若一個人無法有創造力地發揮自身力量，他就很容易把心愛的人「偶像化」。當他對自己的自主性與創造力喪失了信心，一旦他失去自己所崇拜的異性，他就會覺得自己的人生什麼都不是，最終因愛情而喪失自我。

這種偶像崇拜式的愛通常伴隨「墜入愛河」的爆發式經歷。一個人單戀另一人會帶來強烈的痛苦，但當兩人相互崇拜並墜入愛河時，兩個陌生人間的隔閡會突然崩塌，帶來強烈的一體感與狂喜。不過，這種強烈的情感在相互了解之後就會開始消散。

如果是單戀某人並在之後共同生活，可能不久後便會發現自己所崇拜的對象其實不是滿足自己期待的人，於是就一邊對對方感到失望，一邊開始尋找新的崇拜對象。非單戀且雙雙一起墜入愛河的情況則是——人們往往會在「墜入愛河」時，為討好對方而戴上面具，所以當彼此赤裸裸地看到假面背後的真相時，令人狂喜的興奮感就會變成失望。

這種偶像崇拜式愛情通常以相當激烈的形式登場，因此容易被描繪成真摯且偉大的愛情。然而這種激烈的情感，其實只不過是偶像崇拜者在墜入愛河前，飽受煎熬的極度絕望和孤獨的表現而已。如果我們真的愛對方，對方就絕對不會在某個瞬間「突然」變成令人著迷的對象，或「突然」淪為令人失望的對象。在彼此真心相愛的情況下，兩人間的障礙反而會不斷被克服，就像每天都在發生奇蹟一樣。

人們常誤以為愛情是絲毫沒有衝突的，但愛情不是單純的休息，而是一起前進、成長，所以愛情難免會伴隨著衝突。因此，能否找到與自己完全沒有矛盾的「命中註定的對象」並不重要，重要的是以彼此的信任和成熟的人格，克服可能經常發生的矛盾。男女間的愛情並非遇到命中註定的人，然後「墜入愛河」，而是和其他技能一樣，是需要磨練與訓練的技術。

在男女關係中，我們通常認為「愛別人」是件極其容易的事，難的是找到值得去愛的對象。也就是說，難的是發現那個讓我們著迷的人，我們以為只要找到這樣的人，愛的情感就會自然而然地跟著到來。佛洛姆認為這個想法就像想要畫好一幅畫——與其埋頭練習畫畫，不如找到對的描繪對象，這樣自然就能畫得好。

男女之愛具有將彼此完全交付給對方的特性，甚至能達到身體合而為一的程度，因此男女之愛具危險性，情況可能演變成渴望獨占彼此。而且也有可能一對男女彼此相愛，但卻對他人完全感受不到愛，他們沒有意識到所有男人都是亞當的一部分，而所有女人都是夏娃的一部分。這種情況下，他們的愛其實是兩人之間的利己主義，包括肉體在內的所有生命層面上，他們完全融合、完全交付給彼此，這種男女之間的愛排斥了對其他人的愛——但深厚的兄弟情誼卻不會這樣。男女間的愛應是藉由愛自己所愛的異性，來愛全人類以及所有的生命。

男女間的真愛本質上是一種主動的意志行為，就是將自己的生命完全交給另一個人的決斷行為。愛一個人不僅是強烈情感的問題，其中還牽涉到決斷與承諾。如果愛只是單純的情感，人們就無法向對方承諾永遠的愛，因為情感容易變化。當然，這也不代表在男女間的愛情裡吸引對方的情感並不重要，在男女的愛裡這種感情扮演著重要角色，因此讓男女之愛不同於手足之愛與母愛。

佛洛姆在與安妮斯的愛情中體驗到男女間的真愛，以及來自於這份愛的幸福。

佛洛姆的同事們表示，佛洛姆具自我陶醉性格且對萬事有諸多不滿，但在佛洛姆和安妮絲結婚後，他變成了開朗且內心溫暖的人。佛洛姆和安妮斯透過愛的力量克服了嚴重的疾病，安妮斯克服了乳癌，佛洛姆也戰勝了心臟的疾病。

比「精神分析學更偉大」的禪宗佛教教義

鈴木大拙將禪宗佛教引進西方，佛洛姆與鈴木大拙以「精神分析學與禪宗佛教」為題，於一九五七年共同舉辦了研討會。與鈴木大拙舉辦研討會對佛洛姆而言是極為重要的事件，當時佛洛姆非常景仰八十七歲的鈴木大拙，並向他學習了禪宗佛教。佛洛姆覺得鈴木大拙很像年輕時自己無比尊敬的拉賓科夫。

一九五六年，佛洛姆在與鈴木大拙共進晚餐時開啟了一段很長的對話，佛洛姆表示那是「自己人生中最棒的一餐」，他在寫給鈴木大拙的信中說道：「當天的對話，讓我內心的某處被深深觸動了。」當時，佛洛姆認為自己理解了禪宗佛教的本質，並對禪宗佛教做出以下的評價。

據我了解，禪宗是最精煉的反意識形態且理性的體系，正在發展成為一個「非宗教性」的宗教（nonreligious religion）。認為禪宗在知識分子間會引起熱烈關注，並對西方世界產生重大影響的想法並非穴來風。

這裡所謂的「非宗教性」宗教的意思是，禪宗不像基督教或伊斯蘭教那樣無條件信奉人格神、擁有特定教義與儀式系統。禪宗佛教的目標只是將人類轉變成充滿智慧、充滿愛的人。

佛洛姆對禪宗的興趣並沒有停留在理論上，他每天早上十點到十一點會冥想。一九七五年時，他在慶祝自己七十五歲生日的座談會上發表談話，儘管因病衰弱，他卻發表了長達兩小時的演說，絲毫沒有表現出疲態。當別人問起他的秘訣時，佛洛姆表示，他當天早上做了兩小時的呼吸與冥想。

佛洛姆認為，禪宗對於認識與治療人類自身有很大的幫助，比精神分析學更偉大。佛洛姆堅持參禪修行，這讓他的品性產生了很大的變化，本來時常表現傲慢、挑剔、極度憂鬱的佛洛姆，轉變成了溫暖、親切的人，他身邊的人都感受到了這個變化。

在馬克思主義或精神分析學者之中，佛洛姆是少數強調靈性重要性的思想家。佛洛姆經常閱讀中世紀天主教神祕主義者艾克哈特大師（Meister Eckhart）、猶太教神祕主義哈西迪猶太教、泛神論者巴魯赫・史賓諾沙（Baruch de Spinoza）的作品與經典，並喜歡唱哈西迪猶太教的歌曲。因此，有人說佛洛姆是無神論的神祕主義者。對佛洛姆而言，靈性不涉及基督教或伊斯蘭教中所說的「人格神」，而是一種存在於人類內在最根本的神性，它不僅能夠實現對人類的愛，還能實現對萬物的愛。靈性雖存在於自我，但又超越自我，它讓自我渴望宇宙性的合一，並且實現這個可能。

佛洛姆在《愛的藝術》中分析了母愛與父愛等各種型態的愛，還分析了對神的愛。此時佛洛姆所想的神其實指的是我們內心的靈性與神性，它超越一切分裂，是充滿愛與智慧的覺醒精神。

然而佛洛姆認為，現代人並沒有體會到真正的神，而是陷入了偶像崇拜之中。在這層意義上，佛洛姆認為如今我們對神的愛已瓦解，即使是有宗教信仰的人，也只在需要神幫助時才會向神祈禱；不需要神的時候，就只專注於積累物質財富與取得功成名就。

佛洛姆表示，由此可見，現代人就像三歲小孩的狀態——三歲左右的孩子需要父母時會哭著找父母；不需要父母的幫助，他們就沉浸於自己的遊戲中。在中世紀西方社會，那個受宗教主宰的時代，人們大多沉浸於祈福信仰中，他們就跟現代人一樣，把神當成了幫助自己的父母親。然而他們認為靈魂的救贖是最重要的事，因此他們努力遵循神的旨意，就這點而言，佛洛姆認為他們很像八歲的小孩，八歲的小孩會開始將父母的教誨內化為自己的良知。

如果說中世紀西方世界被某種特定宗教的狂熱崇拜所主宰，那種歇斯底里的瘋狂把不信教的人誣陷為女巫或異端，那麼如今主宰世界的瘋狂就是思想與情感分離的思覺失調症。人們覺得應該要聽教堂裡關於愛的講道並實現愛，但我們卻絕對不會把東西送給付不起錢的客人。現代人信仰宗教不是為了要皈依神並淨化自身心靈，而是為了擺脫對生活的懷疑與不安。

如今宗教甚至已演變成一種心理療法，讓人的精神能在市場競爭中取得成功。例如：我們會勸人要相信神、要祈禱，因這些行為被視為增進成功取得能力的手段。在這種情況下，勸人「把神視為你的伴侶」，並不是為了體現神性本質的愛、正義與真理，而是在商業上把神當成了合作夥伴。

現代有很多不信教的人，他們將父母等協助者的信仰視為迷信，並摒棄宗教。同時，他們也忘記了東西方所有偉大宗教共同追求的目標，那就是——克服自我中心的限制，並實踐愛。

哲學家佛洛姆投身政治

一九五五年，佛洛姆為實現自己所認為的人本的社會主義而加入了美國社會黨，不過他的多項提案未受黨內根深蒂固的官僚主義所接納，最終他離開了美國社會黨。即便如此，佛洛姆也沒有停止所有政治活動，他寫信給有影響力的政治家或記者，藉此為世界和平做出了自己力所能及的一切努力。這些信件裡有特別提到蘇聯、中共、古巴情勢與中東等國際政治問題，以及甘迺迪遇刺的問題等。

最重要的是，佛洛姆在一九五七年至一九六八年間，為和平運動花費大量時間、精力與金錢。佛洛姆認為，當時美國與蘇聯不斷製造核武，這比第二次世界大戰爆發的一九三〇與一九四〇年代更危險，他擔心核武會導致人類滅絕，並主張美國要減少軍備。

一九六〇年，佛洛姆關於軍備縮減與非武裝的文章引起當時總統候選人甘迺迪的關注。甘迺迪在一九六三年的某次演說中表示，為防止世界面臨大災難，他極力主張非核與和蘇聯和平共存。在此次演說中，甘迺迪主張的道德價值，以及他所使用的幾個特定詞語都反映出佛洛姆所寫的文章內容。透過這些多樣的努力，佛洛姆與參議員傅爾布萊特（James William Fulbright）關係變得密切，在傅爾布萊特的提議下，佛洛姆在美國參議院對緩和緊張局勢的看法進行了討論。一九六二年，佛洛姆在莫斯科召開的世界和平會議上，強力批評當時參加會議的美國領導人以及赫魯雪夫（Nikita Khrushchyov）等蘇聯領導人。此外，佛洛姆還參與了幫助巴勒斯坦難民的工作。佛洛姆的演講、著作以及他的慷慨捐助，都成為了支持世界和平運動家與人權運動家的力量。

佛洛姆一生都對政治很感興趣，從十二歲左右開始，他就與在父親公司工作的社會主義者談論政治。佛洛姆深知自身性格不適合政治活動，但他卻成為了和平運動的世界領袖。之所以會投身政治活動是因為佛洛姆肩負使命感，他擔心第三次世界大戰會爆發，對於讓一切走向滅亡的世界級危機，他無法袖手旁觀。佛洛姆直到生命的最後一刻都充滿使命感，認為自己必須阻止世界毀滅。

然而佛洛姆表示，後來他才意識到自己參與政治活動的理由不只是單純的使命感。世界越是陷入瘋狂、越失去人性，人們就更渴望人性上的相互關懷，佛洛姆認為這種渴望正是他參與政治的主要原因之一。佛洛姆在致力於實現世界和平以及社會改革的過程中，遇到許多對人類充滿愛與責任意識的人，佛洛姆與他們一同奮鬥、相互鼓勵，並為彼此注入勇氣，從而感受到無比的喜悅且也對人類抱持希望。

佛洛姆生活的時代可謂是動盪不安，是戰爭與革命的時代，然而這個時代也是個實驗場，讓佛洛姆獲得了人類與社會相關的豐富經驗。第一次世界大戰、在德國發生的社會主義革命、俄羅斯革命、義大利與德國的法西斯主義與納粹主義的勝利、俄羅斯革命的墮落、西班牙內戰、第二次世界大戰、蘇聯與美國間的軍備擴張競爭，這一切都為佛洛姆提供了豐富的經驗資料，根據這些資料，佛洛姆可以提出假設並檢驗這些假設。

與佛洛姆親近的人認為，佛洛姆的重要特徵之一就是他充沛的能量。他不停地研究、寫作與工作，過著相當規律的生活。他每天都從散步三十分鐘開始，寫四個小時的文章後冥想一個小時，吃完簡單的午餐後，下午與患者諮商。若考慮到他的身體沒有非常健康，你會對他的活力感到驚訝。在一九二〇年代末與一九三〇年代，佛洛姆多數時間裡都飽受結核病的折磨。之後他到一九五〇年代中期為止還很健康，但從一九五〇年代末開始，他就患上慢性的大腸疾病、咽喉炎、支氣管炎、頻繁的感冒與流感、慢性疲勞、心臟疾病等。儘管飽受各種病痛折磨，佛洛姆依然不間斷地從事著促進世界和平的活動、演講與寫作，甚至曾在二十天內進行了二十多場演講。

當然佛洛姆並非總是過著存在型態的生活，對佛洛姆而言，完美的存在型態生活只是個理想。我們經常在敏銳智慧的人身上看到神經質的一面，而佛洛姆便是如此，他有時也自以為是，甚至被人批評驕傲。由於他每年都能拿到鉅額的版稅與演講費，因此也過著看似奢侈的生活，甚至還會展現權威主義的傾向。在他自己經營的研究中心裡，忠於佛洛姆理論的人占據了主要的位置，而那些無法忠於他的觀點的人則會受一定程度的排擠。不過，我們不能否認佛洛姆不只是在嘴巴上談存在型態的生活，他也努力地實際過著這樣的生活。

對任何人而言生活都不是件易事，對佛洛姆而言生活也不容易。他結過三次婚，但第一和第二次婚姻並不順利，尤其是第二任妻子的死讓他經歷了嚴重的衝擊與傷悲。然而透過這樣的婚姻生活，佛洛姆變得更加成熟。熟識佛洛姆的人表示，佛洛姆從一九五〇年代的中後期開始，變成了心胸開闊且溫和的人。

一九八〇年，離八十歲生日還有五天，佛洛姆沒有顯露任何痛苦的表情，就因心臟麻痺而過世。在他過世三週前的一封信中，佛洛姆寫道：「我已放下一切。」

Q 問

答 A

有什麼軼事能推測出佛洛姆思想對政治的影響嗎？

勞倫斯・傅利曼的《愛的先知：佛洛姆傳》一書寫到，佛洛姆於一九六〇年秋天在《戴達洛斯》（*Daedalos*）上發表了關於裁減軍備和非武裝的文章，這篇文章引起了時任總統甘迺迪極大的關注。佛洛姆在文章之中寫道，美國應該繼續向蘇聯提議逐步裁減軍備，並透過與蘇聯的協議最終實現非核化。據勞倫斯・傅利曼表示，有可信的證據顯示，甘迺迪曾與佛洛姆通過電話。從一九六三年六月十日甘迺迪在華盛頓美利堅大學的演講上，也能看出佛洛姆的影響。甘迺迪在演講中這樣說道：

> 我認為的和平為何？我們所追求的和平為何？不是美國透過戰爭武器統治世界的「美國霸權下的和平」……我所認為的和平……不僅僅是美國人的和平，而是所有人的和平；

不是我們這個時代的和平，而是所有時代的和平。……有太多人以為和平是不可能的，……但這是危險的失敗主義想法，這種想法認為戰爭是不可避免的，人類注定要滅亡，我們無法擺脫自己無法控制的力量。

當代哲學界如何接受佛洛姆對佛洛伊德的解釋呢？

在法蘭克福學派內，佛洛姆與赫伯特．馬庫色間對佛洛伊德的爭論引起了廣泛的關注。佛洛姆雖然承認佛洛伊德的優秀之處，但關於佛洛伊德試圖以性欲望當作線索去解釋人類生活的一切現象，佛洛姆是持批評態度的。佛洛姆認為，相較於性欲的解放，更重要的是將人們的關係轉化成充滿愛的關係。相反地，馬庫色認為以性欲滿足為主的快感可能成為顛覆資本主義社會的革命動力，並批評佛洛姆的思想具保守性質。

第 2 章

我們孤獨無力地被丟到陌生的世界裡

當結合與合而為一的欲望、超越與創造的欲望，及對定向架構與獻身對象的欲望以正面的形式出現，它就會表現為追尋愛、友善、連結、自由、真理的渴望。然而當它以負面的形式出現，就會變成狹隘的利己主義、掌控欲、占有欲、狂熱的民族主義或種族主義等意識形態，或者是狂熱的宗教。

我們真的渴望自由嗎？

人為什麼會逃避自由？

「不自由毋寧死」這句話是在美國獨立戰爭開始前一個月，美國獨立革命領袖派翠克．亨利（Patrick Henry）為了向美國人呼籲對抗英國而說過的話。後來在法國大革命、一八七一年巴黎公社等受壓迫之人的抗爭中，這句話灌輸了民眾不惜犧牲生命也要追求自由的勇氣與熱情，以及看重自由勝過生命的自豪感。類似的話還有：「寧願站著死，不願跪著活。」

聽到這種話會覺得人們似乎真的很渴望得到自由，但人們真的想要自由嗎？我們真的寧願站著死，也不願跪著活嗎？就歷史的角度來看，相較於選擇自由，反而是跪著選擇奴隸生活的情況更多吧？比起爭取自由，我們是不是更願意卑躬屈膝、苟延殘喘地活著？否則奴隸制度怎麼會存在那麼久呢？

黑格爾在他著名的「主奴辯證法」中表示，大多數的人傾向於選擇卑躬屈膝地苟延殘喘，而不是選擇自由。在奴隸制度開始之前，鬥爭是為了受人認可，在這種鬥爭中，決勝負的關鍵在於一個人對死亡的態度。有些人覺得與其成為奴隸還不如一死，最終，不惜一死地戰鬥的人成為了主人；因怕死而承認對方較優越並請求饒命的人成為了奴隸。換句話說，那些重視自身尊嚴與榮譽更勝過生命的人，成為了主人。

黑格爾認為，在西方歷史上，奴隸透過長達數千年的自我修練過程，領悟到了自身的尊嚴。貴族遊手好閒，而奴隸則必須勞動。然而勞動是人類透過理性所思考出來，然後將其印刻在大自然中的形象。奴隸透過艱苦的勞動發展出自身的理性能力，從而意識到自己也是不亞於主人的有尊嚴的存在。與此同時，奴隸為獲得同等於主人的權利，發起了與主人的鬥爭，透過西方歷史展開的奴隸鬥爭在法國大革命中到達了高潮。

然而黑格爾也認為，無論如何，相較於自由，大多數的人更傾向於選擇奴隸式的生存方式。為克服這種傾向，我們需要經歷一個自我修練的過程，也因此，比起選擇自由，我們似乎更希望自己和家人能卑躬屈膝地生存下去。老實說，如果人們本就更傾向於選擇自由而非卑微地生存的話，派翠克·亨利也不會高喊「不自由毋寧死」了吧。

馬克思在《共產黨宣言》（*Manifest der Kommunistischen Partei*）的結尾寫道：

> 無產者在這個革命中失去的只是鎖鏈，而獲得的將是整個世界。全世界的無產者，團結起來吧！

然而各國勞工在展開與資本家的鬥爭時，失去的並非只有枷鎖，他們可能喪命，也可能危及家人們的生計，因此當資本家伸出妥協的手時，勞工們選擇了改革而非革命。為建設被馬克思所道破的共產主義理想社會，與其殉道，勞工選擇了提高工資、縮短勞動時間，以及各種福利保障，好過上安樂的生活。

列寧（Vladimir Ilyich Lenin）之所以主張共產黨這個精英集團應該領導勞工也是這個原因，如果勞工自主地抵抗資本家，情況最終很容易流於妥協。此處所言的共產黨是指：「為建設共產主義社會而奉獻生命，徹底堅守馬克思理念的集團」。共產黨要一邊領導勞工一邊灌輸勞工們使命感，告訴他們，他們就是戰士，是透過共產主義建設，解放人類於所有壓迫之中的戰士。列寧的這種想法至少在俄羅斯是成功的。

無論如何，列寧認為相較於自由，人類更傾向於選擇生存，要克服這種傾向就需要進行徹底的精神改造。但佛洛姆談論「逃避自由」時所考慮的現象並不是這種為生存而逃避自由的現象。

人類也是動物的一種，確保自己與家人生存的欲望是最強烈的欲望，當這種欲望與自由的理想相互矛盾時，我們會讚揚選擇自由的人很有勇氣，但這並不代表我們要譴責選擇生存的人。因為我們自己也很有可能會做出相同的選擇，尤其更難去指責那些為了子女而拋棄自由、選擇生存的人。

人類心甘情願當奴隸的心理

佛洛姆在談論「逃避自由」時，他談的並不是「為了生存」而放棄的自由，而是在生存未受威脅時放棄自身自由的情況。例如：陷入狂熱的宗教或政治意識形態也代表放棄自由——人們自主成為該宗教或政治意識形態的奴隸，成為自稱神或神之代理人的神職人員的奴隸，成為自稱代表民族或人民的政客的奴隸。

雖然前面提到了列寧與俄羅斯革命，但革命成功後真正掌權的不是勞工而是共產黨。勞工們也許得到了麵包，卻還是失去了自由。沙皇體制下的俄羅斯變成了共產黨獨裁的新奴隸國家，到處都閃爍著監視之眼，在共產黨這般的壓迫下，人們不得不按照共產黨制定的規則生活。

然而，就算史達林（Joseph Stalin）實施了恐怖統治，他去世時，多數俄羅斯國民依舊對史達林之死感到悲痛。當時從全國各地聚集來了很多人要參加史達林的葬禮，場面無法控制的情況下，有一百多人遭壓死。而無異於此的是，即使失敗已成定局，納粹統治下的德國人仍舊向總統宣誓效忠，並與聯軍作戰。

教會與神職人員自稱他們代表了神聖存在的神，於是人們欣然服從於他們，將自身寶貴的財產奉獻出去；政治家自稱他們代表祖國、民族或民眾，所以人們也把一切權力交給了他們，並欣然服從於他們的權威之下。我們對人們絕對服從韓國新天地教主李萬熙、希特勒或史達林等人感到驚訝，但這種現象並不罕見，反而是很常見的。

人們為了死後進入永恆的天堂，不惜忍受嚴刑拷打也不放棄「耶穌是上帝獨生子」的信念；為實現共產主義這個沒有階級、沒有競爭、沒有衝突的社會，或是為實現擁有純淨高貴血統的日耳曼人所統治的理想國，人們像草芥一樣獻出自身生命。對於信奉這些理念的人來說，天堂與理想社會比現實更真實，但對於不相信該理念的人來說，這些都只不過是荒唐至極的妄想而已。

然而，並非沒有陷入狂熱的宗教或政治意識形態，就代表選擇了自由。在資本主義社會中，很多人選擇當物質之神的奴隸，為了獲得死都花不完的財富而折磨著自己。

佛洛姆在《逃避自由》中所探索的就是以上現象，該書探究了人們為納粹主義獻出自由與生命的心理。但他並非將納粹主義當作例外事件討論，而是將其視為不只存在於過去，在今日也同樣存在的某種現象的代表案例。儘管型態有所變化，但與納粹主義本質相同的現象，如今仍然持續出現，佛洛姆將這些現象都稱為「逃避自由」。

生活充滿可能性，所以不安

動物是自由的

在了解人類為何逃避自由之前，我們必須先探究「自由是什麼」。因為自由這個詞和其他日常用語一樣，不是單一的意思，而是有多樣的詮釋。在此，我們用比較動物自由與人類自由的方式來探討「自由是什麼」。但為了探討這點，我們首先要了解動物與人類本質上究竟是相同的，或者兩者有差異，如果有差異，其差異又為何。

首先，我們提出「動物是否自由」這個問題。我們常說動物的行為受本能約束，所以動物不自由。不過，動物根據本能生活真的就代表動物不自由嗎？或者反而是因為動物遵循著本能生活，所以才自由吧？

人類可能會覺得自己長期生活的空間很令人苦悶，希望能住到不同的空間。住鄉下的人可能會想前往城市；住城市的人則可能會嚮往鄉下，也許還會想離開自己的出生地去國外生活。之所以如此，是因人類擁有想像力。人類不受本能所束縛，因此會夢想居住在比自身生活環境更好的地方。

想像一下一隻生活在水溝裡的蚯蚓，假如有一天他覺得水溝很悶，跑去了另一個空間生活，這麼一來蚯蚓就很難健康地生存了。蚯蚓便是遵循著自然給予牠的本能，在自己生活的世界裡絲毫沒有不滿地紮根，所以才能健康地過日子。對動物來說，依照本能而過的生活就是合理健康的生活。

通常我們把不受限於外在強制的行動定義為「自由」。根據這個定義，對動物而言本能並非自己所選擇，而是自然賦予的，所以依照本能生活的動物是不自由的。然而如先前所提到的，動物依照本能度日就等於過著健康的生活。因此我們必須重新定義自由，將其定義為——以有益健康生活的方式行動，就是自由。若根據這個自由的定義，忠於本能的動物是自由的。

有史以來妨礙動物自由生活的存在並非自然，而是人類。人類將許多動物變成了滿足人類欲望的工具——為了使肉質軟嫩，人把牛關在狹窄的籠子裡不讓牛移動；為了得到更多雞蛋，人類在狹小的空間裡飼養無數隻雞。這種飼養方式，便壓抑了牛和雞想活動的本能，使牠們失去自由。

動物與人類的根本差異

那人類又如何呢？人類隨本能生活就健康自由嗎？最近在哲學界備受矚目的進化論哲學認為，人類與其他動物間並沒有本質上的差異，人類的生活也和動物一樣，是由生存和繁衍的欲望來決定的。根據進化論哲學的理論，人類在五千年前開始了文明的生活，而人類和黑猩猩在進化旅程中的分歧是在六百萬年前。若把六百萬年的時間壓縮成一年，人類進行文明生活的時間在三百六十五天中就只占了兩個小時左右。基於這個事實，進化論哲學得出了人類百分之百是動物的結論。人類在近六百萬年的時間裡一直過得跟動物一樣，所以動物本能仍然徹底決定了人類。因此，人類的所有行為就如同動物的所有行為，都是以生存和滿足種族繁衍欲望為目標，人類的所有行為都和公孔雀為了和母孔雀交配而開屏的行為沒什麼兩樣。

依照這個邏輯思考，巴哈（Johann Sebastian Bach）創作《馬太受難曲》（*St. Matthew Passion*），畢卡索（Pablo Picasso）畫《格爾尼卡》（*Guernica*），最終還是為了吸引女性。雖然性的因素可能對巴哈或畢卡索的創作活動產生影響，但他們的創作活動卻不能完全以性因素來解釋。若完全以性因素解釋，巴哈在樂譜上畫的音符，就和歐陸風流才子卡薩諾瓦（Giacomo Girolamo Casanova）為誘惑有夫之婦而耍的花招沒任何區別了。

更進一步來說，幫助他人也可能是為了討好異性的歡心，藉此繁殖自己的基因，其道德價值相當於征服其他種族，大量散播自己的種子。然而，即便是持進化論哲學觀點的人，只要腦袋清醒，都很難接受這種主張。

而且如此一來，選擇單身的宗教人士就很難用進化論來解釋了。根據進化論的理論，耶穌和佛陀的精彩講道終究也是為了吸引女性並傳宗接代。雖然有很多女性追隨耶穌與頓悟後的佛陀，但耶穌和佛陀卻對傳宗接代不感興趣。進化論哲學要如何解釋這種情況呢？

在以進化論為基礎的文章中，我們似乎看不到人類，只能看到動物。「若想了解人類，與其讀生物學或心理學的書，還不如讀莎士比亞（William Shakespeare）或杜斯妥也夫斯基（Fyodor Mikhailovich Dostoevskii）的書。」以上這句話就是出於如此的背景。為了了解人類，就該要做「人類相關的人文學探索」。

與進化論哲學觀點相反，佛洛姆認為人類與動物間存在本質上的差異。根據佛洛姆的觀點，由於人類獨特的固有特性，人類生活在與動物完全不同的世界中，並表現出了在動物身上很難看到的型態。

就算只是食欲或性欲等本能欲望，人類的表現情形也不同於動物。動物的本能需求停留在自然所規範的一定限度內，若是吃飽了，即使面前的食物看起來再好吃，動物也不會吃。不過，人類就不是如此，人類不僅能暴飲暴食，還會研發更美味的食物，而不只是單純地填飽肚子。動物只忠於當下的欲望、不考慮未來，但人類會擔心未來，會為應對將來食物不足的狀況積累糧食或財產，甚至為積累更多而搶奪他人的東西。

人類本能的欲望受理性思考能力所影響，我們會去想像未來、為未來做準備，所以即便是本能欲望，自然所賦予的調節裝置也會大幅減弱。因此，在以什麼方式滿足食欲、性欲等最本能欲望方面，也可以發現人類與動物本質上的差異。

就算將觀察時間拉得極長，動物滿足本能欲望的方式也是不會改變的，我們常能發現某些物種的行為方式一如既往。相反地，人類的行為方式在各個時代、各個地區的表現都不相同。人類滿足性欲與食欲等本能欲望的方式，也因時代與地區而異——有的地區以穀物為主食，有的地區以肉類為主食，餐桌禮儀和性方面的風俗更因時代和地區而有所不同。

動物的生活受本能機制嚴格規範，這種本能是自然給予牠們的，因此我們可以說本能是自然所「賦予」的。然而在這種情況下，本能並不是對動物的約束，而是大自然所賜的適應能力。相反地，人類缺乏對自然的本能適應力，人類沒有抵禦寒風的皮毛、沒有飛天的翅膀，也不像鼴鼠那樣有鑽地的爪子。考慮到這些因素，從生理學的角度來看，人類是最脆弱的存在，也是最不利於生存的存在。因此，人類不得不主動塑造自己的生活型態，而能這樣主動打造生活的能力通常被稱為「理性」（Rationality）。

阿爾諾德·蓋倫（A. Gehlen）把人類視為缺陷體（Mangelwesen），而佛洛姆的看法則是吸收了阿爾諾德·蓋倫的觀點。然而關於理性的本質，佛洛姆與阿爾諾德·蓋倫的看法卻有著根本上的差異。阿爾諾德·蓋倫從進化論的立場出發，認為人類的理性或以理性為基礎的文化和制度，是為了彌補人類對自然的本能適應能力；佛洛姆則認為，理性不僅彌補了人類生物學上的缺陷，還具有與其他個體交流或合而為一的獨特喜好與能力。

人類被賦予了思考能力，本能卻大幅減弱，所以人類應該借助理性的力量來塑造自己的生活。人類的生活也是基於自然而存在的，但人類卻在改變自然的過程中塑造了自己的生活。行動方式被自然決定的世界是必然的世界，人類所居住的世界並非必然的世界，而是有可能性的世界——在這層意義上，人類既受自然約束卻又超越自然。

人是怎樣的存在？

雖然佛洛姆認為人類與動物間存在根本的差異，但這不表示人類比動物優越，動物的生活很獨特，是人類完全無法模仿的。蚯蚓能在水溝裡生活得很好，這種生活是人類根本無法過的。倘若生活的標準是要在水溝裡好好度日，人類再怎樣也跟不上蚯蚓，那麼蚯蚓就比人類優越多了。

是動物優越還是人類優越的問題取決於標準的不同，人類絕對無法像老鷹一樣用肉眼看清遠方。因此，討論動物和人類誰比較優越是非常幼稚的，我們只能討論動物和人類的差異而已。

雖然人類和蚯蚓似乎是生活在同一個世界裡，但實際上卻是身處於完全不一樣的世界。在蚯蚓所居住的水溝世界，人類根本無法生存，人類必須活在與蚯蚓截然不同的環境裡。不僅是蚯蚓，不同物種的動物也生活在各自固有的世界裡，蝴蝶生活的世界就不同於蚯蚓生活的世界，這樣的世界就是大自然賦予每個物種的世界。然而人類所生活的世界與一般動物生活的世界完全不同，動物生活在本能所規範的結構化世界裡，而人類則是每個時代都活在不同的世界觀之中。

人類生活在神話般世界觀裡的時間是最長的，這種神話般的世界觀在現今科學時代裡仍具有強大的力量。基督教徒與穆斯林至今仍相信有創造世界的人格神，對於深受神話世界觀影響的人而言，看不見的神才是真正真實的存在。就像現今基督徒相信耶和華是最真實的實體一樣，古希臘人也認為宙斯並非虛構的想像，而是最真實的實體。如今基督徒向耶和華祈禱，而以前的希臘人則是向宙斯祈禱。

當然，在現今人類生活中，最強力規範我們生活的是科學的世界觀。信仰傳統宗教的人生病了也會去看醫生，病情好轉時更會認為是醫生開的藥治好了他的病，而不是祈禱發揮了效用。人類所生活的世界，在每個時代都有不同的世界觀。

根據自然賦予的本能過活——就這一點來看，我們能說動物是自然的存在。相反地，人類是依據歷史所構築的世界觀而活，因此人類可以說是歷史的存在。然而，作為群體，人類是歷史的存在；作為個體，人類也是歷史的存在。每個人都有自己的歷史，每個人都要依照自己的理性與想像力來塑造自己的人生。人類的生活是「每個人都必須開拓自身人生」的生活，因此我們會意識到自己不同於他人，並自稱為「我」。

每個人都要塑造自己的生活，以及人類在不受本能限制的開放世界中生活，這兩種情況是結合在一起，密不可分的。動物被眼前的現實所束縛，但人類對過去和未來皆敞開大門，甚至能想到自己的誕生和死亡。對於人類而言，未來充滿了可能，雖然我們無法改變過去的事件，但我們完全能以不同的方式解釋過去的事件。例如：我們也許會認為出身貧困是一種詛咒，但也可以把它當作是使自己變得更強大、更成熟的祝福。此外，正如布萊茲．帕斯卡[①]所言，人類能夠想像無限展開的空間，也能因無限空間的沉默而戰慄。

① 編註：Blaise Pascal，十七世紀的法國神學家、哲學家、物理學家、數學家。

三種負面情緒與三種生命需要

「如何生活」——人類特有的欲望

哲學家中也有人認為自由是種幻想，巴魯赫．史賓諾沙和叔本華就是這樣的哲學家。他們認為，相較於宇宙這個大自然，人類不過是塵埃般的存在。尤其是叔本華，他將大自然比喻為大海，認為個人只是大海中的一個小水滴而已，以什麼形態、如何移動都不是小水滴自己能決定的，而是依據浩瀚大海的活動所決定。因此，巴魯赫．史賓諾沙和叔本華主張，即使我們認為某種行為是基於自由意志進行，但實際上這些行為早就已經被決定了。

也許他們的說法是對的，但不可否認的是，比較動物與人類的生活可見，動物在極長時間裡都展現出相同的形態，而人類的行為卻發生了歷史性的變化。而且從科學和技術發展中也可以發現到，要不是人類有意識地努力，也不可能不斷地積累知識。

無論哲學方面的思辨如何，我們都覺得自己必須形塑生活，而巴魯赫．史賓諾沙和叔本華也這麼認為。能如此形塑自己的生活，人類也許會覺得自己的人生充滿了希望，但同時人類也會感覺到「孤獨感」和「無力感」。人類在眾多可能性中最後還是要選擇一個，並且終究要獨自對這個選擇負責，在這種情況下我們會感到孤獨。我們不但無法準確預測自身選擇會帶來怎樣的結果，還會因世界不如我們期望而產生無力感。

這種孤獨感與無力感在意識到死亡時最為嚴重。就算死亡並未降臨，只要一想到，人類就會覺得自己在死亡面前完全無能為力，而且還會意識到自己的死亡不能由其他任何人來替代，只能自己獨自承擔。我們甚至可能會在想到死亡之時，覺得人生中所有的努力都徒勞無功，最終依舊會空虛地以死亡作結，因此陷入「虛無感」之中。

人類的本能弱化之後，取而代之的是理性與想像力，因此人類有了「孤獨

人的三種欲望（生命需要）。

感」、「無力感」與「虛無感」等負面情緒，而人終其一生就是場企圖擺脫這些負面情緒的努力掙扎，我們希望讓生活充充滿連結感、活力與意義，而不是受孤獨、無力與虛無所困。佛洛姆認為由此可見，從根本上規定人類生活的不只是食欲或性欲等本能欲望，還包括了人類特有的欲望。佛洛姆認為，為擺脫第一項「孤獨感」，人類產生了想要結合與合而為一的欲望；為擺脫第二項「無力感」，人類產生超越與創造欲望，想藉此感受自身力量；為擺脫第三項「虛無感」，人類追求定向架構與獻身對象，想藉此賦予人生崇高的意義、方向與目標。

人類的本能弱化後，取而代之的是理性，而上述欲望就源自於人類所處的這種獨特存在情境中，因此可以稱之為「生命需要」。在這種情況下，「存在」如海德格所言，指的是人類特有的生活方式。根據海德格的觀點，人類是「質疑自身存在的存在」、「將自身存在視為問題的存在」，意即人類是會苦惱如何生活的存在。

動物並不會為自己該如何生活而苦惱，動物只是按本能生活；但必須靠理性和想像力形塑自己生活的人類，則會苦惱該如何生活。因此，人類所處的存在性狀況是指，感覺自己的人生置於「出生前的無」和「死亡後的無」之間，這股無的力量隨時能滲透進自身存在，讓人不得不苦惱如何擺脫無的力量。

佛洛姆所提到的人類特有的三種欲望，可以被稱為生命需要，因為這些欲望源於人類所處的獨特存在情境。這種存在欲望可以用理性且健康的方式實現，但在許多情況下也可能以非理性且病態的方式實現。

結合與合而為一的欲望

為擺脫孤獨感而尋求結合與合而為一的欲望，是可以透過酒精或毒品等方式去麻痺意識，或是讓自己隸屬於某特定宗教團體或政治團體，以此方式實現的。毒品與酒精的沉醉性合一只不過是暫時性的，而且還會讓人類的理性能力失效，使我們的身心靈都生病。

為擺脫孤獨感，人們實際上最常嘗試的方式，就是讓自己從屬於某特定團體及其遵循的習慣或信條之下。這種團體可能是血緣社會或地緣社會，也可能是國家或宗教共同體，這種隸屬於團體之下而實現的合一，雖然能給人一種合而為一的感受，但它也使個人喪失了自我，只不過是似是而非的合一罷了。此外，為了合一而讓自己隸屬於團體的方式通常會讓人以為該團體絕對是對的，進而輕視其他團體，並產生企圖控制其他團體的態度，同時引發團體間的衝突與競爭。

佛洛姆認為我們要克服孤獨感並實現真正的結合與合而為一，其唯一的途徑就是「愛」。真正的愛首先是要「主動關心」並照顧所愛之人的生命與成長。這種關心與照顧包含了愛的第二個要素——「責任」，責任是願意共同承擔他人的錯誤，愛僅靠發誓或感情是不夠的，還應該要用照顧和共同負責的行動來證明。愛的第三個要素是「尊重」，倘若缺乏尊重對方的心，想為對方負責的態度就容易淪為想支配、擁有對方的態度。尤其是對子女的愛，父母很容易把自己的願望強加給子女。

尊重就是洞察並重視對方獨特的個性，但這並不代表要完全迎合對方意思。尊重是關切對方真正的成長與發展，這不僅需要對對方的愛，還必須用智慧來洞悉對方的優缺點。這代表我們必須觀察對方扭曲的心性和扭曲的原因，並幫助對方擺脫扭曲狀態。

然而為實現這種愛，我們需要不斷反省並訓練自我。愛不是被動的情感，而是主動的行動。愛是給予，但給予的人不會變貧窮，反而會變得更加富有，因為愛會將自身潛力表現出來並實現。在這種情況下，給予不僅僅是物質上，而是付出自己最寶貴的東西、自己的生命、喜悅與知識等，付出愛的人在體驗自身力量與富饒的同時，也會從分享中感受到極大的喜悅。在這種情況下，給予不是被剝奪，而是主動發揮自身的潛能，所以給予比接受更快樂。

佛洛姆認為愛是最神聖的，只有實現這種愛時，人類才能體驗到生命的意義與價值，生活的意義並非是透過什麼精妙的宗教教義或政治意識形態來賦予的。寫了佛洛姆評傳的勞倫斯．傅利曼認為，佛洛姆的思想最終就跟耶穌和佛陀一樣，以道破愛開始並以此收尾，因此稱他為「愛的先知」。佛洛姆說：「關於人類存在的所有問題，答案就是愛。」

超越和創造的欲望

超越和創造的欲望相當於尼采所說的「權力意志」。所謂的權力意志是一股欲望，希望自己並非無能為力的存在，而是強大且高貴的存在，這股欲望就是想把自己培養成強大且高貴的人。

不過，超越和創造的欲望也跟結合和合而為一的欲望一樣，往往是以非理性且病態的方式實現的，它所呈現的型態可能是：想提升名聲的欲望、掌控他人的欲望或對財物的貪欲。最病態且卑劣的呈現方式就是——排擠並欺負比自身弱小的人，或對社會上處境不利的人作威作福。

若這種欲望以理性且健康的方式實現，就不會把其他人或事物當作生存手段或自我強化的手段，反而會將其視為幫助自己展現本質的方式。當我們幫助別人時，我們會因為自己有幫助他人的力量而感到欣慰，但這種幫助代表的是，幫助對方擁有獨立的能力。尼采稱這種幫助為「友情」。

此外，這種欲望是透過淨化自身觀察、聆聽、思考和感知的能力，以更豐富的形式去觀察、聆聽、思考和感知世界。換句話說，這種欲望不只是單純地想確保世界是自己的生存場所，而是渴望體驗美麗且意義深遠的世界。這種欲望在根本上是人類特有的，想藉由與世界昇華的關係來確認自己是高尚個體。換句話說，這種欲望超越了單純為生存而做的勞動，是一種想與世界建立創造性關係的欲望。

如果行為本身就是目的，而不是一種生存手段，我們會稱呼這種行為是「遊戲」。這種遊戲不僅包括藝術行為，還包括宗教行為；而且當人類不單純為生存而行動，而是想表現出創造力時，該情況下的勞動也算是一種遊戲。

當我們沉浸於這種遊戲中，世界就會變得有趣且驚奇，而不是讓我們感到無力又陌生。

對定向架構和獻身對象的欲望

對定向架構和獻身對象的欲望，也往往會藉由瘋狂執著追求特定政治意識形態或宗教教義的方式實現。這種政治意識形態與宗教教義具權威主義的特性，不允許對其有任何批評，只要求人們盲目地服從。因此，人類越信仰這種定向架構就越容易喪失批判的理性，並會極端地排斥其他定向架構以及信仰其他系統的人。相反地，有些宗教與哲學以理性健康的方式來滿足對定向架構的欲望，這些宗教與哲學，比任何特定教義更重視以智慧來對他人、對事物實現愛的生活態度。

在這種情況下，定向架構不能只是停留在人腦中的觀念體系。如果人類沒有肉身，單純地只擁有智慧，那也許只要有一個全面的觀念體系就夠了。然而，只要是精神與肉體共同存在，人類就需要一個不僅滿足思考方面的定向架構，還要是在感情、欲望與行動方面也能強烈吸引人類的定向架構。這種不僅涉及思想，還得包含整個人的定向架構，通常會以絕對與無限為中心，因為人類意識到生活的無常與無力後，總希望自己的人生具有永恆與無限的力量。透過追求絕對且無限的存在，人類也希望能保有永恆的特性，在任何情況下都擁有不受動搖的充實力量。

因此涉及人類整體的所有定向架構，都把這種絕對與無限放在系統的中心，並要求人們對其做出奉獻。這種獻身對象會把人類的所有欲望與能量整合到同樣的方向裡，透過賦予其絕對的肯定性，將人類從各種懷疑與不安中解放出來。

定向架構指定了人類的獻身對象，對人類而言，這樣的定向架構必須讓人理解人在世界上的地位、生活目標與方向，而宗教通常會提供我們對整個世界的理解。於是，佛洛姆把「宗教」當作極為廣義的詞來使用，它指的是「一個團體共享的思想與行為體系，為個人提供生活目標和方向」。站在這個角度來看，宗教存在於人類與文化存在的所有地方，甚至存在於無神論所主宰的地方。人們崇拜動物或樹木、家族或部落、民族或種族、無產階級等特定階級、看不見的神、高貴的人、希特勒或史達林等如惡魔般的領袖、金錢或功名等世俗價值，這些對象都有可能是幫助人類獨立並成長的存在，卻也有可能成為奴役人類並阻礙人類成長的偶像。

權威主義的宗教和人本主義的宗教

在這方面，佛洛姆把宗教分成了權威主義的宗教與人文主義的宗教。所謂權威主義的宗教是指，不要求理性與愛等人類本質的能力，盲目信仰特定教義，強迫人們要無條件遵從各種禮節的宗教。在權威主義的宗教中，神被視為全知全能的存在，而人類則被視為無能且卑賤的存在。這種神與其說是理性與愛的象徵，不如說是恣意妄為的權力與力量的象徵。納粹主義或史達林主義等權威主義式的公共信仰，也遵循著與權威主義宗教相同的原理。在這些信仰中，領袖、「人民的父親」，又或者國家、民族等，將成為崇拜的對象，獨立的理性所帶來的個人生活在此被視為毫無意義，人的價值在於盲從神聖的權威。

另外，權威主義的宗教要求人們追求抽象且遙不可及的理想，這些理想與現實生活完全無關。為了「天堂」、「沒有任何階級衝突的烏托邦」等理想，生活在此時此地的人們的生活與幸福，都淪為了犧牲的祭品。這樣的目標也正當化了各種不人道的手段，並讓宗教或世俗「精英」左右了人類的生活。

在追求定向架構與獻身對象的欲望中，人類最終追求的是消除無力感與焦慮不安，而不是為了發現真理，也因此人類很容易陷入不合理的政治教義或宗教教義之中。在不相信這種教義的人眼中，這些教義不過是荒唐至極的理論體系而已，然而它卻能深深地吸引住它的信徒。

人本主義宗教與權威主義宗教相反，人本主義宗教的中心是人類、人的力量以及人類所認定的理想價值，其理想價值包括了理性、愛與正義。在人本主義的宗教裡，品德不在於服從而在於自我實現。在權威主義的宗教裡，主宰一切的是，沒有徹底服從神聖權威而產生的不安與罪惡感；然而在人本主義的宗教中，喜悅主導著一切。

在人本主義的宗教裡，神是各種現象背後的統一根源，也是原理的象徵，象徵了人類內心神性的可能。即使人本主義宗教是有神論的，但此時的神象徵了人類想實現的「人類自身力量」，而不是象徵「壓迫人類的力量」。神象徵著真理、愛、

權威主義的宗教	人本主義的宗教
神＝專制君主	神＝完全體現愛與智慧的人
絕對服從教義與禮節	努力仿效神
利用神來獲得祝福（功力信仰）	從仿效神的生活中來感受幸福

權威主義與人本主義宗教之差別。

正義等人類所追求的品德，人越是體現這種品德就越接近神，能成為神聖的存在。因此，對神的愛就代表了實現神的原則——愛、正義與真理。在這方面佛洛姆認為，雖然基督教、佛教、道教等有神論觀點與儒教等無神論觀點不同，但彼此間其實不需要爭辯。

對佛洛姆而言，重要的不是教義體系上的差異，而是以該教義體系為根基的人類所抱持的態度，以及該教義體系是否能增加人類有效的力量。因此，對於普遍將佛洛伊德與馬克思視為宗教之敵的見解，佛洛姆提出了異議。馬克思和佛洛伊德的理想，實際上與佛陀、耶穌等高等宗教創始人的理想沒什麼不同。馬克思和佛洛伊德認為，人類發展的目的是為了理性、愛人與減少痛苦、實現獨立與負責，這與耶穌、佛陀、孔子、老子及舊約聖經中先知所教導的理想是一樣的。馬克思和佛洛伊德並不反對宗教的這些倫理核心，由此可見他們反而是「宗教性的」，他們批評的是，宗教有神論和超自然的一面企圖阻止這種倫理目標實現。

佛洛姆認為佛教在教義上完全具有人本主義的性質，而基督教的教義則是同時存在權威主義要素和人本主義要素。佛教不信仰特定的神明或教條，也不要求特定的儀式。佛教教誨中有句「自燈明，法燈明」——點燃自己內心的明燈，點燃佛法（真理）的明燈。就如同這句話的意思，佛教要求人們透過自己的修行領悟真理，體現智慧與慈悲的品德。

與此相反，基督教教義同時存在權威主義要素與人本主義要素，例如：基督教要人相信「耶穌是上帝的獨生子，之所以來到世上是為拯救人類於原罪之中」，並主張不相信此教義的人將下地獄。當日本發生海嘯時，韓國某位知名牧師還曾主張，日本信仰的不是基督教而是神道與佛教，才會因此受上帝懲罰——會有這種想法也是基於上述的教義。

另一方面，基督教主張上帝是無條件的愛，但無條件愛人的上帝不會因為人們不相信祂，就讓人們在永恆的地獄之火中受苦，或引發海嘯來懲罰人類。無條件愛人的上帝反而應該會認為，人類把祂變得如此殘忍是對祂的侮辱、人類讓祂淪為惡魔。因此，相信基督教是人本主義的人，認為若想接近神，並不是要盲目地相信特定教條，而是要仿效上帝，實現無條件的愛。

實際上，盲目地相信「耶穌是上帝的獨生子，之所以來到世上是為拯救人類於原罪之中」，人類的智慧與愛等能力並不會變成熟，反而會成為一個無批判性的人，無條件服從牧師或神父等神職人員的話，淪為排斥其他宗教的人，將其他宗教視為撒旦的宗教。

宗教性神祕體驗的本質

佛洛姆認為馬克思和佛洛伊德在廣義上也屬於人本主義的宗教，但這並不代表他認為倫理與宗教是一樣的。佛洛姆認為真正意義上的宗教體驗是存在的，並稱之為「神祕體驗」，然而馬克思和佛洛伊德否定了這種體驗所具的獨特意義，因此嚴格來說很難稱他們為宗教性的人。

在神祕體驗中，神所呈現的形式是充滿愛的根本力量。人類會在神祕體驗中，由內在體驗到這種根本的力量，並體驗到了整體（the All）與合一。然而這種體驗並不會讓人陷入非理性的恍惚之境，在這樣的體驗中，人類反而會和宇宙融為一體，洞察力獲極度強化。佛教將這種狀態描述為「惺惺寂寂」的狀態，也就是意識完全清醒，一切由寧靜的平安所主導的狀態。因此，宗教神祕體驗完全不同於靠酒精或毒品等物來逃避現實。

佛洛姆認為宗教神祕體驗結合了相互矛盾的經驗，一方面是人類意識到自身的神性特質，感受到對自己無限的自豪；另一方面這也是一種謙遜的經驗，人們會感受到自己的個人自我只不過是宇宙這塊布料中的一縷絲線罷了。這讓我們體驗到獨特又個體化的自我，以多樣面貌的其中一面展現出無窮生命。換句話說，這就像大洋中的某滴水和其他水滴一樣，它們是不同的個體，卻又是同樣的東西，這些水滴都是海洋個體化的形態。

由於這種矛盾經驗的緊張平衡，宗教體驗中同時存在著明確的意識和自己與宇宙融為一體的穩定與和平。因此，雖然一般見解都認為這種神祕體驗是不合理的宗教體驗，但佛洛姆的見解不同，他認為神祕體驗具有高度合理性。

佛洛姆認為這種神祕體驗正是我們完全克服根深蒂固之利己主義的狀態。在這種狀態下，人類打破封閉、自私的自我，走向最全面存在的局面，在這個局面中所有事物都展現出自己獨特的神性特質。

人類通常不會如實看待事物，而是用我們狹隘自私的理解與關心架構來看待事物——對我們好的人就是善良美麗的；對我們不好的人就是邪惡醜陋的。神祕體驗打破了這種狹隘的架構，讓萬物進入最開放的視野，顯現出自身的獨特。在這層意義上，佛洛姆認為「神」這個詞是種詩意的象徵，象徵我們擺脫自我中心的牢籠，敞開自己的大門，進入與世界合而為一的自由境界。

佛洛姆表示，神祕體驗是規範佛教、基督教神祕主義、猶太教神祕主義以及史賓諾沙泛神論的根本體驗。

是占有還是存在？

與生命需要交織的生理需要

人類覺得自己被孤獨且無力地丟到陌生世界中。而對結合的欲望、對超越和創造的欲望，以及對定向架構與獻身對象的欲望，這些欲望都是在這種情況下的人們，苦惱該如何生活的實存生命欲望。因此，我們稱這種欲望為「生命需要」，它超越了食欲和性欲等生理需要。

雖說這種欲望來自於人類的實存特性，但這些欲望並非只在生理需要得到滿足後才會出現。在人類的情況裡，食欲和性欲等生理需要也與生命需要緊密交織在一起，甚至可以說，這些生理需要具有自身的實存特性。

動物一到發情期就受本能驅使而交配，但人類和動物不一樣，對人類而言，性行為若沒有與愛情結合，會給人留下苦澀的感受；食欲對人類來說也不僅停留在單純的充飢層面，而是和品嚐、享受萬物特性的欲望結合。這種欲望可以算是超越與創造欲望的其中一種，而飲食行為也成為了人與人之間團結與合一的媒介。直截了當地說，人類的食欲和性欲等生理需要也都與生命需要緊密交織。

因此，人們常說食欲和性欲等本能是人類最強的本能，但實際上生命需要才是連這種本能欲望都能左右的最強欲望。實際上人類不會單純因為得不到性滿足或捱餓而自殺，人們之所以自殺是因為他們無法忍受孤獨感、無力感與空虛感。換言之，他們的真實欲望沒有得到滿足。當然也有因為生活困苦而自殺的人，但在這種情況下，與其說是因為生活困苦而自殺，不如說是生活困苦所帶來的無力感、孤獨感以及自卑意識而導致自殺。

舉例來說，韓戰後韓國的多數人都受貧窮所折磨，但因生活困苦而自殺的人卻極少。反之，如今許多人都能享受豐饒的物質，此時人們的生活問題已經超越了單純的生活困苦，而是因生活產生的自卑意識、無力感與孤獨感，才導致「生活困苦」變成人們自殺的契機。

生命需要和破壞性欲望

對結合與合一的欲望、對超越與創造的欲望，以及對定向架構與獻身對象的欲望，如果都以積極的型態出現，那就是尋求愛情、溫暖、關係、自由與真理的欲望。然而，如果這些欲望以消極的型態出現，那就會變成狹隘的利己主義、掌控欲和占有欲、狂熱的民族主義和種族主義等意識形態，以及狂熱的宗教。若用積極的方式實現這些欲望，將會產生更大的力量、喜悅、自我整合和活力；相反地，消極方式的實現則會造成生命力低下、悲傷、分裂和破壞。簡而言之，前者的方式具生命的特性，而後者則具破壞的特性。

後者我們通常稱之為「邪惡」，其與前者一樣，只是一種實現人類特有欲望的方式。即便是最殘忍、最具破壞性的人也和聖人有著相同的欲望，然而他找不到更好的方式來實現這種欲望，所以才變成扭曲、生病的人。就此而言，神聖與邪惡完全是人性化的現象，並不是因為人的本能弱化，而是因為人類的理性才造成的。

因此人類複雜的心理和欲望，不能歸為食欲或性欲等本能動機。佛洛姆認為，由此可見，佛洛依德理論與行為主義（Behaviorism）都無法正確理解人類的真實狀況。佛洛依德用類似進化論的方式，嘗試以動物行為來解釋人類行為，將性欲視為生活最根本的動因；而行為主義則單純地把人類當作被動適應環境的存在。

也因此，部分人常主張的觀點是錯的，他們認為人類有攻擊性本能或破壞性本能，所以邪惡是存在的。佛洛伊德就認為，人類在經歷了第一次世界大戰之後，除了包含性欲在內的保存生命的生存本能（Eros）外，還有走向死亡與破壞的死亡本能（Thanatos）。

但如果將人類的攻擊性或破壞性視為本能，那麼它們就會和食欲與性欲一樣無法消除，這樣我們就只能對人類和人類的未來抱持悲觀態度了？然而佛洛姆認為，人類的攻擊性與破壞性是在生命需求無法被滿足時才會發生的扭曲現象，所以當生命需求被滿足後，攻擊性與破壞性就會消失。同時，佛洛姆也認為我們能成為無攻擊、無破壞性的健康人類，並實現無攻擊性、無破壞性的健康社會。

自柏拉圖（Plato）之後，西方傳統哲學認為理性和欲望是對立的，並認為我們應該以理性來控制欲望。然而佛洛姆卻認為，我們內在的生命性需要和破壞性欲望相互矛盾。具體來說，一方面我們有用真愛與他人或事物結合的欲望，另一方面也有想輕鬆透過酒精和毒品達成結合的欲望；雖然我們想透過各種創造性活動來享受自身力量，卻也想透過掌控與征服他人或事物的方式，來確認自身力量。

生命性的需要賦予我們生活上真正的活力與充實的意義，因此我們可以稱這種欲望為理性的欲望。就保障自身生活和成長的層面而言，動物遵循自身本能是理性的，而上述的理性欲望也同等於動物遵循本能的概念。反之，破壞性欲望讓我們生病並感到空虛，因此我們可以稱之為非理性的欲望。這樣說來，就不是理性和欲望在我們的內心打架，而是理性欲望與非理性欲望在打架。

然而我們很難得知怎樣的欲望是理性，怎樣的欲望又是非理性的，狂熱信仰納粹主義或馬克思主義的人相信自己是完全理性的人，他們反而覺得別人不理性。所以若要實現生命性欲望而不是非生命性欲望，我們需要溫暖的心和冷靜的智慧。

佛洛姆將病態的理性與欲望所產生的病態存在稱為「占有性的生活」或「死亡性的生活」（Nekrophile），而基於健康理性和欲望所產生的健康存在則被稱為「存在性的生活」或「生命性的生活」（Biophile）。

幸福生活的條件

什麼是幸福？

當生命需要以非理性的形式出現——也就是對酒精或毒品的欲望、想隸屬某政治或宗教團體的欲望、想掌控他人或被他人掌控的欲望等出現時，我們就能稱這種欲望為病態的欲望。病態欲望的共同點是，被這種欲望所束縛的人，他們不會透過實現愛與理性等自身主動的潛能來解決生活問題，而是靠外部事物來解決。也就是說，他們解決生活問題時是依靠酒精或毒品、特定宗教或政治團體、特定政治意識形態或宗教意識形態、他人或物質方面的財產等。

相反地，佛洛姆認為，人類只有在能滿足對結合、超越還有定向架構的渴望時，才能真正感到幸福。換句話說，他認為只有在為滿足生命性欲望而讓愛、智慧等自身理性潛力充分體現時，人才能真正變得幸福。佛洛姆的這些觀點與柏拉圖和亞里斯多德（Aristoteles）的經典人類觀相通。與佛洛姆一樣，柏拉圖和亞里斯多德也認為，人類只有在盡量體現與其本質相符的理性潛力時，才能真正感受到生活的幸福。

柏拉圖和亞里斯多德認為，主觀上的快樂體驗無法成為我們判斷某行為是否善良的標準，為我們帶來快樂的行為並非永遠都會是善行。他們認為只有「實現理性人類本性的行動與隨之而來的快樂」才是真正對人類有益的。這代表他們把真正的幸福和虛假的幸福區分開來了，並認為要獲得真正的幸福，只能透過正確、有道德的生活去實現理性人類的本性。也就是說，能享受真正幸福的人內心平靜、無所畏懼，能為了持續平穩的滿足，拒絕短暫刺激性快感，且性格謹慎、具洞察力。他們甚至認為幸福不是展現品德後的報酬，而是品德本身。當我們帶著智慧與慈悲來思考和行動時，就算因此受到傷害，我們依舊是幸福的。

簡單來說，人類實現自身本質能力的所有創造性思考、情感和行動所伴隨而來的滿足感，就是幸福。因此，所謂幸福的人就是——很會有效實現自身主動潛能的人。反之，如果人無法運用自身的創造能量，他就會患上精神疾病並變得不幸。

舉例來說，人類具說話與思考的能力，若這種能力受阻，人就會遭受嚴重的傷害。另外，人類具有愛自己與愛所有存在的能力，人不僅能愛自己的人類同伴，還愛一切事物，這絕非超越人類的現象，而是人類與生俱來、源於人類的力量。愛並非人類不想做也得做的事，它不是外在強加的義務。人類是透過愛來和世界建立關係，將世界真正同化成自身的能量。如果無法運用這股能量，它將被用來摧毀自己和他人。

關於這一點，佛洛姆認為，包括憂鬱症在內的各種精神官能症，都是人類在創造方面無法充分實現而導致的。佛洛姆的這個觀點與克爾凱郭爾（Sören Kierkegaard）的了解一致，克爾凱郭爾算是與尼采一同被公認為是存在主義的鼻祖。克爾凱郭爾說憂鬱是「精神淪為感官享樂的工具，因此讓人感到厭煩而爆發的精神瘋狂狀態」。

克爾凱郭爾將人類的存在方式大致分為：審美式的存在、倫理式的存在，以及宗教式的存在。此處的「審美上的存在」類似於佛洛姆所說生活的擁有型態，審美上的存在是追求趣味與享樂的存在，貪求著帶來趣味與享樂的財產。在這種存在中，精神只不過是設計來讓人享受感官愉悅的工具而已，比方說對卡薩諾瓦這樣的人來說，精神就只是用來思考如何巧妙誘惑女人的工具。但克爾凱郭爾認為，人類的精神具追求更高尚意義的傾向，當這種傾向無法實現，而精神淪為只是追求感官愉悅的工具時，精神就會對自己感到幻滅，這種幻滅便會以憂鬱的方式呈現。因此克爾凱郭爾認為，最歡樂愉快的審美式存在，背後潛藏著沮喪。

成熟人格帶來的幸福

如亞里斯多德所說的，幸福就是人類最終追求的目標。然而人們往往誤會這句話，以為人類最終追求的是沒有任何痛苦的快樂。如果人類最終追求的是如此，那發明能讓人持續感受高潮的溶液，將大腦永遠浸泡其中就會成為最強的祝福。但是多數人認為這種完全被動的快感很可怕，並不會因此感到幸福。

儘管如此，在我們這個時代，很多人仍認為要變幸福並不需要特別主動的努力或技術，只要在社會上取得成功，獲得財富、名聲和權力，幸福自然會隨之而來。他們認為靠持續讓人感受高潮的溶液取得幸福很可怕，卻認為幸福是仰賴財富、名聲和權力等外在因素的。

佛洛姆則認為，人不是透過金錢、名聲或權力變幸福的，而是遵循人類本性的法則並發揮自身潛能時才能獲得幸福。和亞里斯多德一樣，佛洛姆認為，能理性思考，讓行為變成習慣並體現的人會滿足於自身生活，而這就是幸福。換而言之，人類的幸福並非取決於財富、名聲或權力，而是取決於個人人格的成熟度。

擁有成熟人格的人，不僅在理性思維與行動中能體現自身特有的本質，還會幫助他人和其他事物展現其獨特的本質。他既不會試圖強加自己的主觀想法給他人、不會強求抽象的道德規範，也不會無條件地滿足他人主觀的需求，而是協助他人成為會理性思考與行動的獨立個體。

只有好好愛自己才能愛別人

是社會學的相對主義，還是規範的人本主義？

當然，佛洛姆也承認隨著時代或地區的不同，人們的價值觀會改變。然而佛洛姆認為，在這種相對性的基礎上，人類普遍追求的價值仍然存在，他將自己的這種立場稱為「規範人本主義」。與規範人本主義對立的是社會學的相對主義，社會學的相對主義認為，人類普遍追求的價值並不存在，根據時代與社會的不同，追求的價值便會隨之不同。站在社會學相對主義的觀點來看，健康的人很能適應自己所屬的社會，並輕鬆實現該社會所追求的價值。

而規範人本主義則認為，人類應該追求的普遍價值是存在的，而且我們不僅應該根據該普遍價值來評價個體，還要根據它來評價整個社會。另外，規範人本主義認為，與其他問題一樣，人類存在的問題也存在著正確與錯誤的解決方案，有令人滿意的解決辦法和不滿意的解決辦法。

以這個前提來看，心理健康的標準不在於個體如何適應特定的社會秩序，而是在於如何真正滿足人潛在的需求。這些需求包括病態的欲望，也包括健康的需求。如果病態的欲望被提升成人類的整體欲望，因而壓制了其他需求，那麼這樣的個體就會不健康，同樣地，如果社會被這種需求所主宰，也會是不健康的社會。反之，當健康的需求占主導地位，個體和社會就會是健康的。

佛洛姆的此一立場與社群主義的代表性哲學家查爾斯．泰勒（Charles Taylor）的立場非常相似。查爾斯．泰勒表示，我們必須尊重他人的生命、尊嚴、幸福與繁榮，這是所有時代與社會中都能看到的道德要求。根據查爾斯．泰勒的觀點，各時代與社會間的差異不在於它們所追求的價值隨時代與地區改變，只是所尊重的對象改變了而已。

早期的社會中，甚至是現今的某些社會中，會將這些價值限制在部落成員或同一種族裡。然而只要是該社會的成員，任誰都會覺得自己可以要求自身尊嚴得到認可。現代人大多都覺得全人類皆可提出這樣的要求，相信動物權利的部分現代人甚至認為動物也提出了這樣的要求。

查爾斯・泰勒表示，這種倫理要求是我們內在深根蒂固的道德直覺。根據他的說法，這種直覺對我們來說是非常強烈的，大部分幾乎成為了我們的本能，這種直覺與其他的道德反應並不相同，其他道德反應是養育與教育的結果；但是這種本能似乎和我們在動物身上所看到的普遍傾向有關，也就是傾向於不殺同一物種的生命本能。

對於殺害或傷害他人，人類會自然感到與生俱來的良心譴責，人也往往願意幫助受傷或處於危險之中的人。文化與教養也許有助於我們決定應該尊重的「他人」範圍到哪裡，卻不會塑造出基本的反應。查爾斯・泰勒表示，這就是十八世紀思想家相信人類與生具備同情心的原因，他們相信這種自然的同情心存在於人的內心，盧梭（Jean-Jacques Rousseau）尤其這麼認為。

生活的課題是克服自戀

佛洛姆認為，人類個體也存在著人類應該實現的生活方向。他認為人類個人的生活課題最終在於克服人類的自我中心主義，也就是「克服自戀」。這裡所說的自戀不僅包括某人對自己的執著，還包括對家庭、宗教或團體狹隘的執著。人類應努力超越自身狹隘的理解興趣和理解觀點，客觀公正地看待事物，不強加自身的想法給他人或其他生命，而是協助萬物成長，成為有愛的人。

與亞里斯多德和尼采一樣，佛洛姆表示，這種脫離自戀的狀態和對自身的愛並不衝突，反而是真正愛自己。佛洛姆認為，只有真正懂得愛自己的人才能愛別人，因為狹隘的自戀，也就是狹隘的自我中心主義，這種思想看似愛自己，實際上卻讓自己成為奴隸，執著於物質、名聲或自我，或執著於國家、民族或宗教與政治意識形態。就像亞里斯多德認為，人類只有真正體現理性品德時才能真正獲得幸福，佛洛姆也認為人類只有在適當體現自身理性潛力時，才能真正幸福並能夠愛自己。

Q 問

答 A

最近MZ世代②所說的「小確幸」與佛洛姆的「盡情體現自身本質的理性潛力」，兩者所感受到的幸福不一樣嗎？

小確幸的價值觀基本上具個人主義的性質，而佛洛姆則強調人類社群主義式的特性。正如佛洛姆自己所說，他認為人應該認真關心社會問題，努力讓社會變得更人性化。佛洛姆認為，人類只有在實現愛與智慧的本質能力時，才能在自身生活中感受到真正的滿足與意義。

佛洛姆自己是自由且追求存在主義的人嗎？

佛洛姆也有人性的弱點，其實佛洛姆也被許多人批評過傲慢和權威。儘管如此，他努力實現存在主義生活的這個事實是不容否認的。尤其令人驚訝的是，佛洛姆身為猶太人卻反對以色列建國。他努力組織運動，企圖幫助被以色列政府搶走土地的阿拉伯人奪回土地，並為中東和平做出許多努力。其實站在猶太人的立場，要反對以色列建國並非一件容易的事情，他的民族受納粹迫害，承受無法洗去的傷痛與壓迫，想建立自己的國家也許是理所當然的事情。但是佛洛姆擺脫了這種民族主義的思維，只站在世界主義的立場上反對以色列，這無疑是非凡的舉動。

② 編註：韓國用語，為「M世代」和「Z世代」的合稱，指一九八一～二〇一〇年間出生的人們。

第 3 章

人類有逃避自由的傾向

近代人從中世紀封建社會的不合理規範與身分束縛中被解放出來，然而取而代之的是所有事都得自己決定，並要對自己的決定負責。於是，近代人認為自由是一種負擔，因而想將自己交給新的非理性權威。佛洛姆所說的「逃避自由」指的就是這種心理傾向。

為什麼會逃避自由？

什麼是自由？

之所以透過比較人類和動物來探索人類的本質與欲望，是為了了解自由是什麼。如今自由為何的答案已經變明確了。通常我們認為自由是人隨心所欲的行為，或能選擇吃炸醬麵還是吃辣海鮮湯麵，但佛洛姆認為自由指的是人類能以健康的方式體現自己的生命需要，也就是用理性的方式實現生命需要。換句話說，所謂的自由，就是實現愛、關係與智慧等品德。因此，自由的人具有批判且獨立的理性，又是能愛他人，有德有理的人。相反地，不自由的人是被偏執和瘋狂所束縛的人，他們受偏執與瘋狂奴役，喪失自由與批判思考的能力，徹底隸屬於自己所崇拜的權威之下。

基於對人與自由的理性思考，我們現在要來探討近代人身上出現的「逃避自由」現象。

為什麼人類會選擇服從？

佛洛姆以納粹主義的興起與統治做為線索，探討了近代所出現的「逃避自由」現象。

包括馬克思主義者在內的許多人，主要都從當時的經濟、社會條件來解釋納粹主義的興起，佛洛姆也承認，當時的經濟、社會條件是納粹主義抬頭的重要原因。然而佛洛姆認為，要正確解釋納粹主義的興起，除了要考慮經濟、社會條件外，還要考慮人們狂熱支持納粹主義的心理因素。

近代人從中世紀封建社會的不合理規範與身分束縛中被解放出來，然而取而代之的是所有事都得自己決定，並對要自己的決定負責。於是，近代人認為自由是一種負擔，因而想將自己交給新的非理性權威。而佛洛姆所說的「逃避自由」指的就是這種心理傾向。如前面所提到的，在這種情況下，自由並不僅只是消極意義上的

「從傳統社會非理性規範和約束中解放出來」，自由具有積極意義，自由讓個人能實現自主——也就是完全實現自己的感官、情緒與理性能力。逃避自由是指人類放棄自主的成長，狀態退化成將自己交給非理性的權威。

但人類為什麼會選擇服從非理性的權威而不是自主性的成長呢？在資本主義中占主導地位的觀點是——人類想以算計的方式實現一己之私。然而如果抱持這種人類觀的話，那些深陷納粹主義、史達林主義等各種政治理念或宗教理念的人，他們為了民族、人民、國家和神，犧牲自我並自願服從權威的傾向就讓人完全無法理解了。納粹主義並不追求自私自利與算計的理性，而是利用了近代人認為不存在或早已消失的非理性傾向。要理解納粹主義的興起，就不能忘記，除了追求自由外，放棄自由並選擇服從與受奴役的傾向，在現代社會中仍頑強地存在著。

實際上，自中世紀晚期以來，西方歷史就是一部個人從宗教與社會約束中解放出來的歷史。這種自由的歷史從文藝復興開始，如今應該已達頂峰。其實近代社會中也有些人在精神或情緒方面很成熟，過著自主的生活。然而「擺脫中世紀束縛的自由」，並非總是以個性與自主理性的發展呈現，有些人擺脫了中世紀的束縛，卻逃避到比中世紀束縛更不合理的束縛之中，或是對彼此毫無興趣，傾向於只追求一己之私，這種情況在近代也是頑強存在著。佛洛姆便調查了從中世紀晚期開始的逃避自由現象，了解這種情況具體如何發生。

自由解放了近代人，同時也孤立了近代人

中世紀與中世紀晚期的社會狀況

為了分析自由對近代人的意義，佛洛姆先分析了中世紀和中世紀末期的歐洲文化。與近代社會相比，中世紀社會的最大特點是「不存在個人自由」。中世紀是身分制的社會，中世紀初期的人受自己的身分所約束，人們認為身分秩序是理所當然的——貴族認為自己的特權理所當然；平民也認為自己所遭受的差別待遇是理所當然的。

不過，佛洛姆並不認為中世紀社會的人是不幸的。中世紀的人雖受身分秩序約束，但他們並不孤獨，也沒有處在孤立的狀態。人們從出生那一刻起，就已經在清晰且不可改變的整體秩序中占有固定的地位。由於大家都認為身分秩序是由神來決定的，所以人們在身分秩序中各自扮演自己的角色，感受安定感和歸屬感。身分不

可能改變，所以人們也不會為提升自身地位而競爭，視儒教身分秩序為理所當然的朝鮮時代也是如此。

教會告訴我們，人所經歷的一切痛苦與煩惱都源於「亞當」犯下的原罪，而這些痛苦也源於每個個人所犯下的罪。人們對教會的這種教導不抱持任何疑問，便就認為自己所經歷的痛苦與苦惱是理所當然的。如果認為自己本應該經歷所經歷的痛苦與煩惱，人就不太會感到痛苦與煩惱，甚至會把它當作日常，淡然接受。若周遭大多數人都經歷了和自己一樣的痛苦與煩惱，這種傾向就會更嚴重。

許多中世紀農奴出身的人和朝鮮時代奴婢，都認為自身悲慘的處境是無法避免的宿命，就此接受了命運。因此，相較於不接受自身宿命且認為自己完全能改變命運的近代下層階級，以前的人對自身生活並沒有太嚴重的不滿。《春香傳》中的房子①認為李少爺出人頭地就代表他自己的功成名就，於是也對李少爺狀元及第感到相當高興。

教會一方面告訴我們「人都是罪人」，另一方面又告訴我們神愛世人且毫無差別心，還形容人們該如何得到神的寬恕與恩寵，死後會如何在天堂享受永恆的幸福。由於人們對神的看法更傾向於把神當作充滿愛的存在，而不是可怕的存在，所以會覺得自己受到神的眷顧。而且人們認為地球和人類是宇宙的中心，自己則是最棒的造物，並因此感到自豪。布萊茲．帕斯卡曾表示自己在浩瀚無垠的永恆沉默前感到恐懼，但中世紀的人卻沒必要感到這種恐懼。

中世紀社會表面上給中世紀的人帶來了安定感，但實際上卻束縛著個人。然而佛洛姆認為，這種束縛與近代權威主義的束縛和壓迫性質完全不同。中世紀社會並沒有從個人手中奪走自由，因為在那個時代，「個人」的觀念本身就不存在，人只視自己為某種身分、家族或團體的一員，而不是獨立的個體。這與朝鮮時代的人會認為自己是某貴族家族中的一員或某家庭的奴婢是一樣的。

即使生活在同一座城市，人也會因為身分不同而對彼此感到陌生。比起同一民

①譯註：《春香傳》是流傳自朝鮮半島的著名愛情故事。其中，房子是故事中李少爺（李夢龍）的僕人。

族的平民，貴族反而更會對其他民族的貴族產生認同感，認為自己才是高貴的人。他們還會把比自己身分要低的人視為卑賤的人，而這些身分較低的人自己也是這麼認為的。

到了中世紀晚期，社會結構與人的人格構造發生了變化。出現了雖非貴族卻擁有可觀財富的新階級，也就是所謂的資產階級，而工人亦取代了農奴。農奴完全是屬於領主的，他們甚至無法遷居；工人則能自由遷居，也能把自身勞動力出售給自己想賣的人。與此同時，個人主義開始盛行，生活各個領域幾乎都開始強調個人主義，包括：興趣、時尚、藝術、哲學及神學等。個人間競爭加劇，個人的創造力變重要，人們擺脫了身分、血緣、地緣的約束與束縛，開始覺得自己是獨立的個體。

人們不再認為自然遵循神的旨意運行，而認為自然是透過科學與技術去探索並且征服的對象，或是認為可以享受自然之美。例如：中世紀社會的人認為閃電代表著神的憤怒，但在近代，這已被視為單純的電現象，人們普遍認為用避雷針就可以防止災害發生。

文藝復興時期與逃避自由

文藝復興就是在中世紀末的這種社會、文化氛圍背景中嶄露頭角的，這是擁有強權和財富的貴族與資產階級們的文化。貧窮的一般大眾失去了中世紀社會所提供的穩定生活，成為少數權力者巧妙操縱與剝削的無組織群眾。新專制政治與新個人主義同時出現，帶給人們歸屬感的地緣、血緣、身分與團體崩潰，人們變成了分散的個體，對專制政治的暴行毫無抵抗。於是文藝復興時期成為了自由、暴政、個性與無秩序同時橫行的時代。

大家普遍如此評價文藝復興時期——擺脫中世紀桎梏，是人們意識到人類與肉體的尊嚴，並尋求自由和個性的時代，而且也是造就了達文西（Leonardo da Vinci）與米開朗基羅（Michelangelo Buonarroti）等天才的偉大時代。然而，佛洛姆對這種文藝復興時期的觀念提出了異議。首先，普遍言論表示「文藝復興時期的上層階級享受到幸福、穩定的生活」，佛洛姆對此抱持懷疑的態度。文藝復興的上層階級因

文藝復興時期的達文西與米開朗基羅。

為有活躍的經濟活動與豐富的資產，所以認為自己是自由且有個性的存在，但他們也喪失了中世紀社會結構所提供的安定感與歸屬感，在變自由的同時卻也感到孤獨且不安。

為擺脫這種孤獨與不安，他們沉溺於快樂中，不擇手段地追求權力、財富與名譽。他們把別人看作是自己應該拿來操縱利用的「工具」，為了自身利益不惜破壞他人的生活。隨著中世紀穩定的社會結構崩解，人們開始覺得自己置身於充斥敵意的世界，這種孤獨和不安才是文藝復興時期人類如此渴望權力、財富和名譽的根本原因，人們試圖透過擴大權力、增加財富、提高名譽來平息孤獨與不安。然而事實上，中世紀的人對權力、財富和名譽的渴望並沒有那麼強烈。

馬丁・路德的新教與逃避自由

佛洛姆認為，資本主義與規範資本主義的精神，並非源於中世紀末期的義大利文藝復興。他認為資本主義與規範資本主義的精神，源於中西歐的經濟、社會狀況和馬丁・路德（Martin Luther）與約翰・喀爾文（Jean Calvin）的新教。文藝復興文化是由富有且權力強大的少數人，以及他們所支持的藝術家和哲學家們所塑造的。相反地，馬丁・路德和約翰・喀爾文的新教則是城市中產階層與低下階層人民、農民們的宗教。

當然，德國也有像福格家族（Fugger family）那

馬丁・路德與約翰・喀爾文

樣，以棉業、礦業積累龐大資產的富有企業家，但是宗教改革所號召的團體不是他們，近代成立資本主義的主體也不是他們。

佛洛姆首先考察了馬丁・路德宗教改革出現的歷史背景。中世紀的人認為人類的經濟活動應該和其他行為一樣受道德支配，中世紀的思想家也認為，不能允許非道德目的的經濟活動。他們也不像現今經濟學家那樣把對財富的欲望當作不言自明的本能欲望，他們並沒有像佛洛伊德那樣把社會哲學的前提擺在性欲上，也沒有放在對權力與財富的欲望上。他們認為錢是為人類而存在的，而非人為錢而存在，因此在中世紀時，為了避免因對財富的欲望而忽視道德，人們採取了各種法律措施。

中世紀時經濟活動受道德觀念支配，工人與小商販的地位相對穩定，但中世紀穩定的秩序從中世紀晚期開始逐漸動搖，到十九世紀完全崩潰。有的行會只認可擁有一定資產的人加入，有的行會成為強大的壟斷企業，剝削消費者。城市裡的貧民、工人、學徒與農民更容易被剝削，因而貧困，城市下層的中產階級情況大多也惡化了，許多工人和小商販不得不與壟斷企業對抗。馬丁・路德在一五二四年發表了《論商業與高利貸》，表達出反壟斷小商販的強烈憤怒，並痛批所有透過壟斷手段隨意漲價、降價，摧毀小商販的勢力。

佛洛姆認為當時的情況與當今情況極為相似，十五世紀和十六世紀的下層中產階級對壟斷勢力的憤怒與恐懼，和當今下層中產階級對大資本家所懷抱的情感與各方面，都有許多相似之處。

隨著資本主義的發展，社會秩序中開始不存在固定的地位，每個人的命運不再仰賴穩定的地位和身分，而是取決於個人的能力與努力，所有地位與財富都變得暫時且不穩定。勤勞和效率被視為最高道德價值，與此同時，乞討的人被視為不事生產、沒有道德的人。近代意義上的正確時間觀念開始發展，一分一秒都被認定是有價值的，正如富蘭克林（Benjamin Franklin）所說「時間就是金錢」，時間太寶貴了，不但不能把時間浪費在無謂的事情上，還要盡可能減少假日。紐倫堡的鐘錶自十六世紀以來每十五分鐘就會報時一次，這也反映了時間觀念的變化。

同時，不安開始侵蝕人們的生活。在激烈的競爭中，人們成了孤獨不安的存在，為了逃避這種焦慮，他們執著於物質方面的成功。這種情況才是馬丁．路德和約翰．喀爾文新教萌芽的歷史背景。這個新宗教不是富裕上層階級的宗教，而是城市下層中產階級、貧民和農民的宗教，他們對新興資本家階級的憤怒、無力與不安，明確地反映在馬丁．路德的神學上。

救贖在天主教中是透過教會實現的，每個個體透過認真參與洗禮與彌撒等教會所進行的聖事來實現救贖。但相反地，馬丁．路德認為要實現救贖，必須透過絕對的信念，去相信自己能被救贖。佛洛姆認為，在馬丁．路德身上所展現的「對救贖肯定性的強烈追求」，是源於人類難以承受的不安與無力感，馬丁．路德試圖藉由對神無條件且絕對的服從與奉獻，來克服這種不安和無力感。

馬丁．路德認為人的本性是邪惡的，所以任何人都無法主動行善。為得到行善的力量，人必須坦白自身的無能為力與罪惡，將自己全然交付給神，藉此得到神的恩寵。當然，馬丁．路德表示這種服從與奉獻並非出於對神的恐懼，而是出於對神的愛的自主性。不過，從心理學角度來看，馬丁．路德所說的對神的愛與信仰，其實是一種想要服從和被奴役的受虐型態，馬丁．路德被無力感與罪惡感所束縛，徹底地被神所奴役。他誤以為這種受奴役的狀態是對神的愛，但其實卻是一種對他人依賴並受奴役的狀態，有受虐癖的人會將此誤解為對他人的「愛」。

中世紀天主教會認為，人類因亞當的原罪而墮落，但人本就追求善，具有實現善的自由意志。人類以耶穌基督犧牲的功績為基礎，透過教會的聖禮和自身努力重新被救贖。而且天主教會認為人是根據神的形象所造的，因此神與人之間存在著相似性，人可以肯定地相信神的愛。

相反地，馬丁．路德要求人類放棄自由意志，讓自己完全屈服於神，對馬丁．路德而言，「信仰」的意義是——人類只有拋棄自己並將自己奉獻給神，才能得到神的愛。為了克服不安與無力感，至今我們仍能在許多人身上看到馬丁．路德式的解決方法。馬丁．路德的信仰態度在本質上無異於把自己徹底交給強大的國家或「優秀的領導者」，藉此消除不安與無力感。

現代人雖不使用神學式表現，但卻也想擁有產生強大力量的工具，藉此取得生存的力量。此外，現代人還嘗試透過累積財富或發展科學與技術的方式來克服不安和無力感。人們不依靠自身內在力量，而是總依靠某種外在力量來克服不安與無力感，從這點來看，這和仰賴信仰、國家或領導人的行為在本質上是相同的。

約翰・喀爾文的新教和「逃避自由」

約翰・喀爾文和馬丁・路德在兩方面有顯著的差異，第一是對於「預定論」的立場差異。所謂的預定論教義就是，被救贖的對象是神預定好的。聖奧古斯丁（Aurelius Augustinus）、多瑪斯・阿奎那[2]和馬丁・路德都主張預定論，但預定論對他們而言並不是核心教義，然而約翰・喀爾文把預定論視為核心教義。

約翰・喀爾文認為，死後會得到救贖還是遭受永恆的懲罰，並不是依據人類在世所做的善惡來決定的，而是在人類出生之前神就已決定好。「神為什麼對某些人施以恩典，卻對另一些人施以懲罰？」這個問題是人類不應該探索的祕密，神之所以這麼做只是為了展現自身浩瀚無垠的力量而已。

約翰．喀爾文雖說神是正義與愛的存在，但他實際內心所想的神就像個沒有愛的專制君主，甚至連義氣都沒有。相較於信念與希望，新約聖經把愛視為至高無上的美德，但約翰．喀爾文卻否認了「愛是最高尚的美德」這一點。儘管中世紀的天主教認為愛比信念和希望更重要，然而這種觀點不過是源自病態想像的幻覺而已。

乍看之下，約翰．喀爾文的預定論似乎沒有緩解或克服不安與無力感，反而還加劇了這些情感。但約翰．喀爾文和追隨他的人充滿了信心，他們相信自己是受神揀選的人。人若充滿這種信念，預定論反而便提供了一種無法動搖的內心平靜，因為他們的救贖不會因任何事物改變。

約翰．喀爾文和馬丁．路德之間存在另一個巨大的差異，那就是約翰．喀爾文強調道德的努力與高尚生活的重要性。根據約翰．喀爾文的觀點來看，個人雖無法透過任何行為取得救贖，但人們能付出努力，這就證明了這個人是受救贖的人。這

---

② 編註：Thomas Aquinas，歐洲中世紀經院派哲學家和神學家，被譽為「天使聖師」，著有《神學大全》等書。

種靠努力取得的世俗成就被認定為救贖的標誌，這個思想在喀爾文主義發展的過程中成為了重要的教義。喀爾文主義以長老宗的形式在韓國基督教界占據主宰的地位，韓國的長老宗也傾向於把世俗成就當作上帝的恩典。

然而這樣的教義似乎與預定論的觀點相互矛盾，預定論的觀點是，人的努力對其救贖毫無幫助。乾脆不做任何努力的宿命論態度似乎更符合預定論，但從心理學的角度上來看就完全不是如此。約翰・喀爾文的信徒狂熱於活動並朝成功邁進，想藉此擺脫中世紀社會的崩潰，以及擺脫資本主義抬頭後自己所處的不安與無力狀態。這些活動看似自發，其實具有強迫性質，為了克服不安與無力感，人們不得不努力行動。這些努力和活動並非自主、能動性的，而是為了擺脫不安在拚命掙扎。

喀爾文主義者的性格結構由熱情與態度塑造而成，而也就是這些特性——工作不懈的衝動、對節約與樸素生活的熱忱、想成為實現超越個人目標的工具、禁欲主義、強迫性的義務感，這些特性推動了資本主義的發展。如果人們不像喀爾文主義者那樣把大部分的精力投入到勞動與事業上，資本主義肯定不會發展，人類過去從來就沒有將所有的精力都投入到勞動和事業上過。

佛洛姆對資本主義的發展和喀爾文主義緊密相關的分析很類似馬克斯・韋伯在《新教倫理與資本主義精神》（*Die protestantische Ethik under Geistes des Kapitalismus*）中所做的分析。

近代的良心本質

馬丁・路德宗教改革不僅反映了當時陷入沒落危機的下層中產階級所感受到的不安與無力，還反映了他們對上層階級的敵意和怨恨。他們深信，自己在現世中經歷痛苦，所以只有他們才能上天堂；而陶醉於享樂的富有階層則將深陷地獄。

從馬丁・路德時代到希特勒時代，下層中產階級都被這種仇恨與妒忌所束縛，他們怨恨並嫉妒擁有財富、權力且沉溺於享樂的人，並將這些情緒合理化為對宗教與道德方面的義憤填膺情感。佛洛姆認為，當仇恨與妒忌被偽裝成「宗教與道德上的義憤填膺」時，這種情感最具破壞性。因為當人被「宗教與道德上的義憤填膺」

所約束時，會在不受任何良心譴責的情況下，殘忍地對「墮落的人」攻擊並殺戮。

喀爾文主義者也對非喀爾文主義者抱持滿腹的懷疑與仇恨，他們認為神無情地預定好了永恆的天譴，這就是這種仇恨最典型的體現。約翰・喀爾文在日內瓦實行的專制政治似乎證明了此事，在這個專制政治裡，愛與同情並不存在。而且在喀爾文主義發展的過程中，喀爾文主義者對異鄉人和窮人的懷疑與冷漠態度是非常明顯的。喀爾文主義者相信他們才是真正受神揀選的人，其他人都被當作是被神詛咒的人。他們的信仰中包括了對其他人的嚴重輕視與憎恨。

然而，憎恨和憤怒可以用宗教與道德上的義憤填膺形式向他人表露出來，也可以指向自己。馬丁・路德和約翰・喀爾文強調人的邪惡，並教導人們自我指責和貶低才是所有道德的基礎。然而自我指責和自我貶低的根源並不在於謙虛，而是在於對自己的極度憎恨，那種憤怒只會指向自己，不會指向別人。

除非像虐待自己身體那樣極為病態的情況，這種對自我的憎恨和憤怒一般來說是沒有意識的。因此，對自我的憎恨和憤怒常以美化、合理化的形式出現，就像對他人的憎恨和憤怒，可能會偽裝成宗教與道德上的義憤填膺來表現，以譴責他人之惡。自我憎恨和憤怒也能以強調自身邪惡與無力感的方式顯現，或以良心譴責或義務感的形式呈現。

當然，與自我憎恨和憤怒無關的真實的謙虛、純粹的良心譴責和義務感是存在的，但從宗教改革至今，深深規範現代人生活的良心譴責與義務感大多源於對自己的憎恨和憤怒。在這種情況下，「良心」只不過是人類主動引進自己內心的奴隸監督者。這種良心禁止人類幸福快樂，使得人們把整個生命都獻給懺悔罪過，這也就是喀爾文主義與清教徒特有的「禁欲主義」的基礎。

提到權威，一般人會想到宗教領導人或政治領導人所擁有的外在權威，然而權威也可以以義務或良心的內在權威形式展現。從新教到康德的哲學，近代思想的發展可以被視為內在權威取代外在權威的過程。法國革命後，新興中產階級取得政治上的勝利，外在權威隨之崩潰，而良心這個內在權威就支配了人類。這種變革通常被視為自由的勝利，但良心並不亞於外在權威，同樣可以是冷酷的主宰。

康德認為良心之聲是天賦，然而這大多只是社會要求的內化而已。良心的支配可能比外在權威的支配更加強大，因為人們覺得良心的命令是自己的命令。人在做出有違外在權威的行為時可能不會有罪惡感，但做違背良心的命令，卻可能一輩子受罪惡感折磨。

禁欲主義造成的自我貶低與自我虐待

佛洛姆對喀爾文主義的禁欲主義性質和良心譴責的分析與尼采在《道德譜系學》（*Zur Genealogieder Moral*）中的分析非常相似。尼采認為禁欲主義透過抑制性欲等人類的自然欲望讓人類變病態，這種禁欲主義與良心譴責有密不可分的關係，人們視自身自然欲望為邪惡，對自己無法消除這些欲望感到內疚。

而尼采認為，當人類無法向外界表達自身主動力量時，這股良心譴責的力量就會以虐待自己的方式呈現。這種針對自己內在的攻擊是用監視自己、虐待自己的方式來進行的，因此人的內心世界會因為監視著自己的良心和受監視的本能與需求，進而產生自我分裂。人類自己的良心殘忍地壓制並虐待自身的本能與需求，從而感受到快感。

和佛洛姆一樣，尼采也認為禁欲主義是用來克服對生活不悅與痛苦的病態手段。當我們感到不悅與痛苦，在尋找這種情緒的原因時，我們會發揮出可怕創意。通常是讓朋友、妻子、子女或自己親近的人成為引發這種不悅與痛苦的原因，然而禁欲主義者會將不悅和痛苦的原因歸咎於自己。

在這種情況下，人們會尋找自己生活中感受到的生理痛苦與不快原因，將自己感受到的痛苦與不快理解為對犯罪的懲罰，甚至視自己為罪人，定罪後便會虐待自己、加倍折磨自己。禁欲主義者們以這樣折磨自我的方式恢復自主性，克服掉之前壓抑著自我的消沉意志、疲勞感與壓迫感。

正如喀爾文主義讚揚勤勉的勞動，尼采認為勤勉勞動也是一種逃避生活中不快與不安的禁欲主義方法。當機械式的勤勉勞動伴隨著嚴格的規則性、徹底又不思考的服從性、排滿的時間表等，這些狀況會更有助於緩解生活中所感到的不快與不安。現在勞動被奉為神聖的價值，所以大家更會廣泛使用這種方法。如今許多人陷入「工作中毒症」中，重視工作勝過家庭、重視工作成就勝過自身幸福，尼采認為這種工作狂現象其實也是我們為緩解痛苦而選擇的主要方法之一。

尼采認為正是禁欲主義破壞性地影響了歐洲人的精神健康。對於廣泛存在的禁欲主義影響力，尼采是這樣形容的：

若從遙遠的星球看地球，反映地球生活的第一印象也許會讓我們得出以下結論，那就是地球肯定是禁欲主義星球。人類對自我、對地球、對所有生命都嚴重反感，人類喜歡讓自己痛苦的東西，這也許這就是人類唯一的樂趣。人類這個造物盡可能給自己痛苦，而對這個滿腹不滿、自大且可怕的造物而言，痛苦就是避風港。

「歐洲是間巨大的精神病院。」這就是尼采對當時歐洲的診斷。

馬丁．路德想無條件服從具專制君主性格的神，從而獲得對救贖的絕對肯定性。他的不安與無力感只是緩解或隱藏起來而已，然而他卻誤以為自己所經歷的不安和無力是源於自身信仰的不足，便想更徹底地服從神。約翰．喀爾文的預定論雖然看似確保了對救贖的絕對信心，但不安與無力感仍存在於這股確信的背後。因此，喀爾文主義者狂熱地相信自己所屬的宗教集團才是天選的群體，藉此反覆平息這種不安感與無力感。

利己主義、利他主義和自愛

我們已經了解到馬丁．路德主義者和喀爾文主義者是自我犧牲的人，是禁欲主義者。這似乎和現代人相互矛盾，現代人追求極端利己主義而非自我犧牲與禁欲。然而佛洛姆卻認為這兩者並不矛盾，自我犧牲、禁欲主義和極端利己主義之間可以相互要求。

佛洛姆區分了利己主義和真正意義上的「自愛」。利己主義是對自己不滿意的人透過盡可能擁有神的恩寵、財富或名譽等外在事物，來克服自己不滿的狀態。而對自己感到滿意且深愛自己的人，並不會貪婪地想擁有外在的事物，而是願意與他人分享自己內在的豐盛。因此，只有那些對自己感到滿意並愛護自己的人才能愛別人，而不是對自己充滿不滿並憎恨自己的人。

如果有人認為「為他人犧牲自我」是一種愛，那麼他就是完全不懂愛的人。這種人覺得不珍惜自己並為他人而活的行為是值得驕傲的，儘管這種行為是利他主義的，但他還是很不幸。他的愛與享受能力已經麻木了，對生活充滿了敵意。他的利他主義背後隱藏著對別人微妙且強烈的憎惡和敵對感。

對別人的愛和對我們自己的愛並未相互矛盾。反而是懂得愛他人的人往往也都有愛自己的態度；不知如何愛自己的人，就不會知道如何愛別人。換句話說，只有知道自己怎樣才能幸福且成熟的人，才能讓別人幸福又成熟。如果說愛是關心他人的幸福與成長，那麼它就不會與自己幸福成長的愛相互矛盾，反而是彼此需要的。

逃避自由的四種方式

受虐癖——服從外部的強悍力量

佛洛姆分析了近代人為逃避自由而選擇的方式，其中最具代表性的就是受虐癖（Masochism）。本來受虐癖一詞和施虐癖（Sadism）一樣，是與性相關的用詞。就算在彼此沒感受到愛的情況下進行性行為，性行為也仍然是一種生命的表現，是可以為彼此帶來快樂並互為所屬的行為。但如果以傷害對方、輕蔑與支配對方的方式進行性行為，或是以想受到對方虐待的方式進行性行為，那就會成為一種「性倒錯」的行為。之所以稱之為性倒錯，是因為它扭曲了人們與生俱來以生命為導向的衝動，使之成為一種損害生命的衝動。

如今無論是性支配的欲望還是想受虐的欲望，遵循自身欲望都是當事人的權利，所以尊重受虐癖與施虐癖的極端自由主義立場是當今的流行。於是像佛洛姆那樣視之為病態、性倒錯行為的人會被嘲笑，覺得這種人很陳腐，但佛洛姆認為，並非所有欲望都是值得推崇且合理的，有些欲望就算不會傷害他人，也可能會傷害到受欲望束縛的自己，並阻礙了自身的發展。

佛洛姆表示，覺得受虐癖和施虐癖只是「個人喜好問題」的人，他們無法看清受虐癖與施虐癖中真正的問題。受虐癖與施虐癖真正的問題在於——在性支配與受虐行為中感受到快感的人，會具有施虐與受虐的特性，他們陷入了想受他人支配或想支配他人、傷害他人的強烈欲望中。

受虐癖想藉由服從外部的強大力量，來克服自己無法忍受的孤獨感、無力感與虛無感，如此一來，受虐癖和施虐癖不僅單純與性有關，它還體現在包括社會、宗教的所有生活層面上。德國神學家兼哲學家弗里德里希・施萊爾馬赫（Friedrich Ernst Daniel Schleiermacher）將宗教經驗定義為「絕對依賴的經驗」，在這種定義下，宗教被理解為一種為受虐癖的現象。佛洛姆更認為，人類會因命運、疾病、音樂、毒品或催眠陷入恍惚狀態，而受虐癖能透過沉浸於這種恍惚狀態的方式呈現。

若有比自己強的力量，受虐者會變成它的一部分，從而壯大自己，藉此獲得獨立個體所無法擁有的力量。此外，不管是透過服從外在權威或內在良知，他們都能從而讓自己自決斷中解放出來。也就是說——最終不再對自身命運負責的同時，他們也不再被人生意義為何的懷疑束縛。然而要獲得這種安定感與對人生的堅定意義，受虐者就必須付出代價，他們必須貶低並折磨自己。雖然他們並不渴望痛苦，但是為獲得內心的安定與對人生堅定不移的意義，他們必須付出痛苦的代價。

人們經常讚揚自我犧牲的行為，但這種行為也可能源於對受虐的渴望。當然在某些情況下，自我犧牲的行為可能具積極和生產性的意義。在此脈絡下，佛洛姆區分了「真正意義上的自我犧牲」與「病態的自我犧牲」。

我們身體渴望的東西與精神上所追求的理想可能會發生衝突，我們的身體渴望生存，但我們的精神為了實現自身所追求的理想，必須犧牲自己的身體。為了完全實現自己的人格，有時要視情況犧牲自己身體，而這也是人生的悲劇之一——因為即使為最高理想犧牲了自己的身體，死亡也絕不是甜蜜的，而是痛苦的。然而，如果為了成為高尚人類，捨棄身體無可避免，那麼這可能是對自我最強的肯定。

然而，這種犧牲與狂熱宗教、意識形態所教導我們的犧牲，在根本層面上是不同的。這種犧牲行為並非為了實現自我與完整自我，其目的就是行為的本身而已。這種受虐癖式的犧牲會在自我毀滅中尋找人生的意義。

佛洛姆區分了近代受虐癖的束縛與前近代社會的束縛。前近代社會中的束縛在個人意識出現前就已存在。在前近代社會裡，人就像身分或家族一樣，是自身所屬集團的一部分，尚未完全從集團中解放出來，這種束縛帶給了人們安定感。然而在近代，個人主義抬頭，隨之出現的受虐癖式束縛實則是一種逃避行為，他們把自我交給受虐癖來約束，試圖藉由忘記自身個性與主體性的方式來尋求安全感。

這種嘗試是絕不會成功的，近代人實現的個人覺悟只能被隱蔽與壓抑，絕對不可能被消除。自我與被視為自我的權力終究無法融為一體，兩者間存在根本的對立。我們可能仍保留著「想克服依賴受虐癖，並成為獨立個體」的衝動，即便這種衝動並非有意識的。

因此，受虐者對於自己所服從的權力懷有敵意。一旦受虐者所相信的權威暴露出弱點，他們對權威的愛與尊敬就會立即轉變為輕蔑與憎惡。希特勒和史達林雖受到國民的無比愛戴，但當殘暴的一面被揭露，國民馬上就厭惡起他們，由此就能明顯發現上述的事實。

不只施虐者對自己所掌控的人懷有敵意，受虐者也對支配自己的對象懷有敵意。只是他們的不同之處在於，施虐者的敵意是透過施虐行為，有意識且直接地表現出來；而受虐者的敵意則被隱藏和壓迫，以一種無意識且間接的方式展現。

施虐癖——絕對掌控的欲望

近代人為了逃避自由而選擇的方式之一就是施虐。佛洛姆認為，無論對動物還是對小孩，施虐的本質就是想絕對掌控生物的狂熱。不只尼祿和燕山君③等暴君能

③ 編註：朝鮮國第十代國王，傳為荒淫無道的暴君。

掌控人，所有人都能支配比自己更弱的人。包括現代社會在內，大部分的社會裡，下層階級的人也能掌控附屬於自己的人，像是在家庭中的孩子、妻子或動物，社會上在宗教或人種方面較弱勢的少數、監獄裡的囚犯、貧窮的住院患者（尤其是精神病患）、學校裡的學生、公司下屬等，這些人都可能成為被支配的對象。

而且施虐癖不會單純以肉體折磨和控制他人的形式呈現，傷害他人情感、給他人帶來精神上痛苦的那種殘忍，反而比肉體上的施虐更常見。這種類型的攻擊並不是在身體上折磨人，而是透過言語、冷漠、蔑視的無言態度折磨人，所以人們往往會以為這並沒有造成嚴重的危害。結果，精神上的施虐比肉體上的施虐更常見。

事實上，精神上的施虐所引起的痛苦可能與肉體上的痛苦相當，甚至更嚴重。對施虐者來而言，只要對象無法守護自己，精神上的施虐無論在哪裡都會發生。因此，面對無力的學生，老師可能成為施虐者；但如果老師相對無力，學生往往也能成為施虐者。

具有施虐性格的人獨尊力量，他們崇拜且愛戴有力量的人，他們沒有服從權威，而是鄙視那些無力且無法反擊的人，並試圖支配他們。施虐者的另一個特點是，他們只會受弱者刺激，不會被強者所刺激。舉例來說，若是和與自己相當的對手交戰，就算傷害到對方，施虐者也無法感受到任何快感。因為在這種情況下，無論對對方造成多大的傷害，施虐者都不會覺得自己在掌控對方。

施虐癖也和受虐癖一樣，都是為克服內心所經歷的不安與無力感所做的掙扎，施虐者渴望藉由絕對地支配其他生物或人類，來感受自身力量，並藉以擺脫焦慮不安。然而，他們所感受到的力量其實並非真正的力量。

在這個脈絡下，佛洛姆區分出了兩種可能產生力量的型態：❶支配他人的能力，❷做某件事的能力。後者的力量才是真正的力量，這是不依靠他人也能實現自己潛力的力量，擁有這種力量的人覺得自己沒有必要掌控他人，也不會渴望擁有支配他人的力量。

施虐者缺乏能獨立應對任何狀況的真正力量，所以他們擔心所有不確定且無法預測的事，害怕意料之外的攻擊會迫使別人做出自主且獨創性的反應。因此他們也害怕生命，因為生命本來就是無法預測且具有不確定性的。生命有活著的循環構造，卻沒有死掉的固定秩序；愛情同樣是不確定的，不管我愛的人怎麼樣，那個人都能拒絕我的愛。

施虐者只在支配他人時才能愛人。此外，施虐者通常不喜歡異鄉人和新鮮的事物。面對陌生人或新事物時需要自發且不受限的生動反應，因此會引起恐懼、疑惑與厭惡感。對部分男性施虐者而言，女性是很難理解的陌生存在，所以他們也會貶低女性。

要是無法引起他人反應，讓自己成為被愛的人，施虐者會因為自身的無能而打從心底感到痛苦。為了彌補這方面的無能，他們想要像神一樣感受凌駕於他人之上的感覺。然而，無論怎麼折磨或殘殺他人，他們依然覺得自己是缺乏自愛且無法喚起愛的孤獨弱者，所以他們便試圖透過服從比自己厲害的力量，藉此擺脫這種孤獨感與無力感。

在這種情況下，他們服從於權威的原因並非他們害怕自身所服從的權威，而是害怕生命本身，所以他們臣服於權威之下，而非臣服於生命之下。在這個脈絡下，施虐者的另一個特性就是服從。雖然「施虐者是服從的人」，這句話聽起來也許很矛盾，但這其實並不矛盾，而是必然的。對於服從希特勒的人來說，總統是最強的力量，對於希特勒本人來說，抽象的德意志民族代表最強的力量。

施虐癖與受虐癖的共生

雖然施虐癖和受虐癖看起來像是截然相反的型態，但它們只是一種根本狀態的兩種模式，也就是被不安與無力感所束縛後所表現出的兩種模式。無論是施虐者或受虐者，他們都需要他人來「補足」自身的弱點，施虐者會把他人當作自己的工具，而受虐者則會把自己變成別人的工具。由於兩者都沒有自己的核心，所以會相互依賴。

佛洛姆把這種相互依賴的關係稱為共生關係。在這部分佛洛姆區分了我們下一篇會提的破壞性人類的戀屍者以及施虐者——破壞性的人想破壞並清除他人，而施虐者則是想掌控他人。因此，施虐者需要他人，若失去了對象他們就會感到痛苦。在受害人眼中，施虐者可能是自由獨立的人，但他們實際上卻需要受害者，並且依賴著受害者。

施虐者和受虐者彼此關係緊密，所以即使其中一方的其中一種傾向更為強烈，更為準確的說法是「他們雙方都具備了這兩種性格」。擁有施虐癖與受虐癖性格的人，他們對下屬表現得高高在上，但又對上級展現服從，具有權威主義的傾向。在很多情況下，施虐者會以親切或慈悲的型態偽裝自己，這會讓施虐者比在社會上更無害的受虐者，更不容易被察覺。施虐者往往也會以美化或合理化的型態現身，對他人施以善意並關懷他人。最常見的合理化形式如下：

我知道什麼對你最好，所以我要支配你。而且為了你自身的利益，你也應該追隨我。我太優秀、太卓越了，所以我有權期待他人來依賴我、服從於我。

當然，佛洛姆並不認為這種友善完全就是一種欺騙。徹底的非人性化就代表著完全將自己孤立於人類以外，完全無法感受到自己是人類的一部分。因此，要是對他人完全無法感到友善、溫暖或親近的感覺，最終將產生令人難以忍受的不安。

為證明此事，佛洛姆舉了納粹特殊部隊的例子，他們不得不殺害數千人，因此產生了瘋狂或精神異常的症狀。在納粹的統治下，許多官員接到上級命令要他們執行大屠殺，這些人因此得了所謂「官僚病」（Funktionärskrankheit）的精神衰弱狀況。他們完全放棄與人的關係，變得非人性化，而這也導致了極度的心理不安。當我們想對他人保有一絲友善及溫暖時，我們也想相信自己就是個溫暖且友善的人。

權威主義特性所主宰的社會，削弱了服從者的獨立性、批判性思考力與主動性，這並不代表這種社會不允許人們進行任何形式的娛樂或刺激，而是相較於促進人格發展的娛樂，社會只提供阻礙人格發展的娛樂與刺激。古羅馬皇帝們提供了施虐性質的觀賞娛樂；現代社會透過報紙與電視不斷報導犯罪、戰爭、殘暴行為，也提供了我們相同的觀賞娛樂。

成熟的人不怕真愛

那麼真正的愛和施虐癖與受虐癖有何不同呢？不同於施虐癖、受虐癖這種相互依存的共生關係，在真愛裡，人們會在保有各自性格的狀態下與他人結合。在真愛裡會出現兩人合為一體卻又各自保有獨立性的矛盾現象，而且這種愛的對象並不僅限於一個人。

佛洛姆所說的愛並不是與「一人」或「一個對象」的關係，而是決定與這整個世界關係如何的「態度」，也就是一種「特定性格」。如果我真的愛一個人，我就會愛所有的人、愛世界、愛生活本身。因為真正愛一個人就等於是與那個人的人性核心建立關係，也就等於跟代表人類與生命的那個人建立關係。

我們透過愛意識到，他人擁有任誰都無法還原的獨特性、尊嚴與高貴。無論我們怎樣客觀、科學地研究，都無法展現這個事實，唯有愛能展現這件事。這就好比神的崇高並不是透過任何關於神的理論研究才能展現，而是透過與神合而為一的神祕體驗而顯現的。因此佛洛姆認為，試圖了解神的神學結論就是神祕主義，而同樣地，想了解人類的心理，最終都要歸結回愛。

通常我們認為相較於付出，接受會帶來更大的喜悅，但其實我們反而是在付出時更能感受到無比的喜悅。在男女間的性行為中，男性把自己交給了女性，把自己的生殖器與精液也給了女性，男性若無法在過程中把自己交給女性，就會感到極大的痛苦。同樣地，女性也對男性敞開胸懷接受並付出。在父母和子女的關係中，若父母不能對子女付出，父母就會很痛苦；而母親在餵孩子奶、給孩子溫暖時會也感到喜悅。

在物質層面，付出就代表自己是富有的，富翁並不是擁有較多的人，而是付出較多的人。就算擁有得再多，那些擔心會失去一點東西的人，才是窮人。過度貧窮會使付出變得不可行，所以貧窮的人並不是因為貧窮本身而受苦，而是因為付出的喜悅被剝奪了。

人不僅能在物質方面付出，還能給出自己的快樂、關心、理解、知識、幽默，透過這樣的付出，可以豐富他人的生活、激發自身的活力，也可以激發他人的活力。在這種情況下，人並不是為了獲得而付出，而是藉由「付出」本身感到極大的喜悅。因此付出就代表，讓別人成為為自己帶來快樂的人，雙方都將感受到獲得更多活力的喜悅。

真誠且真實的關係中，人們總是會互相付出。在師生關係中，老師不僅是給予者，還可能從學生那裡學習；演員不僅能給觀眾帶來快樂，還能從觀眾那兒得到刺激；精神分析師不僅能治療患者，也能被患者治癒。

一個人能否以付出的行為來愛人，取決於他人格上的成熟度，取決於人類如何克服依賴、自私、剝削他人的欲望。假使無法克服這些欲望，人類就會害怕付出愛。尊重他人的真愛只發生於自己能獨立存在的情況下，也就是說，在不掌控、不剝削、不服從於他人的情況下，也能對自己的生活感到滿意，如此一來愛才能實現。否則我們就只會透過掌控他人、擁有他人或屈服於他人的方式，來補償自己在生活中所感受到的不安與空虛。

戀屍癖——破壞生命的欲望

近代人為逃避自由而選擇的其中一種方式就是戀屍癖（Necrophilia），也就是追求破壞。戀屍癖是指受死亡、腐敗、腐爛氣味與病態瘋狂吸引的特性，會狂熱地想將活物變成死的，有著為破壞而破壞的激情，比起有生命的東西，會更喜歡機械化的事物。前面我們提到，雖然施受虐癖和破壞傾向互相交織，但兩者之間卻存在差異。破壞性傾向不像施虐癖那樣追求積極的共生，也不像受虐癖那樣追求消極的共生，而是試圖摧毀對象。

與施虐癖和受虐癖一樣，破壞性傾向源於無法忍受的個人無力感與孤獨感。破壞性的人想透過破壞外在事物，來擺脫自己因外界所感到的孤獨感與無力感。施虐者透過掌控他人來強化自己虛弱的部分，而破壞性人格者則會試圖透過消滅外界所有威脅來強化自己。當然，就算破壞了外界，他仍舊是處於孤獨無力的狀態，但此時的孤獨感和無力感，就不是因外界強大力量而無法抑制的孤獨與無力了。

受虐癖通常會被美化並合理化，成為對自身所服從對象的忠誠、愛或信仰；施虐癖也會被美化並合理化，成為對自己所掌控對象的指導或照顧。同樣地，破壞性也不被認為是破壞性的，而是透過同樣方式美化、合理化，對人類的愛、愛國心、義務、良心等情感，都被用來作為摧毀他人或自己的理由。例如：希特勒將屠殺猶太人的行為合理化，把屠殺變成是為全人類而做的事。

對破壞性的人而言，比起會變動的構造，他們更喜歡「法律與秩序」；比起自創手段，他們更喜歡官僚的方法；比起活生生的生命，他們更喜歡人工的事物；比起獨創的東西，他們更喜歡重複的東西；比起豐富的事物，他們更喜歡乾淨俐落的事物；比起使用，他們更喜歡儲存。

他們害怕生命的自覺性，想要管控生命的活力。他們不但要除掉其他生命，也輕視自己的生命，他們的勇氣是走向死亡的勇氣，這種勇氣的極端例子就是「俄羅斯輪盤」。根據佛洛姆的觀點，生活在無聊、毫無活力的組織中，人類會選擇這種刺激性的賭博也是很自然的。佛洛姆認為，原子彈和氫彈的製造和美國較高的車禍率等，都證明了人們輕視自身生命的態度。

具有破壞性的人不只缺乏「自由地笑」的能力，通常也有臉不會動或面無表情的特徵。有些人在看電視或說話時會沒有任何臉部動作，就算他們擠出微笑也只是因為社會習慣的要求，並非發自內心的笑。他們的笑容其實只是偽裝出來的，不但缺乏生氣，也缺乏正常笑容所具備的愉悅性質。因此，這種人無法同時說話和微笑，因為他們的微笑並不是自發的，而是像演技生疏的演員一樣，只是有計畫的不自然動作。

非生命的世界與人類的非人化

談起具破壞性性格的典型人物，佛洛姆舉了希特勒為例。在德國潰敗已成定局時，希特勒下令摧毀巴黎，幸好巴黎的德軍司令部沒有聽從這紙命令。此外，希特勒在敗亡前一刻，也下達了把德國夷為平地的命令。希特勒命令，在敵軍占領德國前，要徹底消毀配給卡、婚姻文件、居民登記、銀行帳戶紀錄，銷毀農場、家畜、糧食等維持生活所需的一切東西，連紀念碑、宮殿、城堡、教會、劇場、歌劇院以及藝術品等都要完全銷毀。

然而我們很難知道哪些人是破壞性的人，也就是所謂惡魔般的人。人們通常都覺得具破壞性與邪惡的人，外表上也會看起來像惡魔，但這種情況很少見。具強烈破壞性的人反而外表顯得溫柔有禮，表現得像他很愛家庭、兒童和動物一樣，希特勒平時也會表現出對兒童與動物的喜愛。破壞性的人會在表面上展現出充滿善意與溫暖的一面，並希望自己被認可為那樣的人。

佛洛姆認為這種溫柔與善意並非只是偽善，正如我們在施虐癖的例子中所見，除非是天生的「道德白癡」或即將發瘋的人，否則不會有人絲毫沒有溫暖與善意。即便是破壞性的人，也不會完全被戀屍癖所支配，問題只是比重有多大而已。

佛洛姆認為，以納粹主義為首的法西斯主義意識，其實不亞於受虐癖與施虐癖，甚至是一種戀屍癖的表現。難道這種戀屍癖的意識，不是只在納粹主義或第二次世界大戰時才顯現出來嗎？當今富饒的產業文明中，人與人間的寬容與友善不是主宰了一切嗎？然而佛洛姆認為，在這種相互寬容與友善的背後，主宰世界的是對彼此的冷酷計算，還有對無生命精妙人造物更加熱愛的精神。

原本戀屍癖代表的是對骯髒、腐爛、惡臭或死亡的熱愛，如今戀屍癖演變成整潔、光鮮亮麗的熱愛，甚至在許多情況下，是對有情色美感的精巧人造物的熱愛。於是佛洛姆表示，當今生命的世界變成了「非生命」的世界，人變成了「非人」。因此佛洛姆認為，主宰二十世紀下半葉的戀屍癖精神，表面上展現的是微笑與和善，實際上卻是一種更精緻細膩的戀屍癖，將一切物化與商品化。

機械化——主動變成自動玩偶的人們

為了逃避自由，機械式的一致性正好就是近代社會多數正常人所採取的解決方案。人類就像自動玩偶一樣，會被動接受社會要求的想法與行動，結果也就變得和所有人完全一樣了。透過這個方式，「我」與外界之間的矛盾消失，孤獨感與無力感不見了。然而，人卻也喪失了自我。

為了把人變成自動玩偶，專制體制使用威脅和恐怖的手段，民主主義的社會則會利用暗示和宣傳。在民主主義社會裡，少數批評多數的意見當然是合法的，這點和專制體制不同，但是民主主義社會也總是被共同的輿論與慣例強力主宰著。

佛洛姆進一步指出，在當今的民主主義社會裡，人們不僅被逼著遵行共同輿論與慣例，甚至還自己努力想要遵循。其實應該說，大多數的人甚至沒有意識到自己想要遵循輿論與慣例，人們只誤以為自己在追隨自身的想法和興趣。我們以為自身意見與他人一致只是個偶然，並認為這種一致性能證明自己的意見是妥當的。

現代人認為自己與人都是平等的，但這種平等並非高貴、自主的人類式平等，而是喪失個性的自動玩偶式平等。這種平等所代表的是，在同樣的工作崗位上工作、閱讀同一份報紙、擁有相同情感與想法的統一性。如同現代大量生產會要求商品標準化一樣，現代社會也要求人類要標準化，這種標準化被稱為「平等」。現代社會把喪失個性的平等視為理想狀態，強迫人們在龐大集團中當一個不會產生摩擦的原子。

如今康德所說的道德良心，已大幅喪失了規範我們生活的力道，科學事實、輿論、政府、企業進行的宣傳或廣告等匿名權威取而代之。這種權威以不施加任何力量的方式，溫和地說服我們。比如在香菸廣告中出現的暗示會說：「抽看看這支菸吧，你會感到難以言喻的爽快。」這種微妙的暗示便偷偷規範了我們的所有生活。這種匿名權威命令我們「你應該這樣做」，同時又比強制人要站出來的公然強制性權威更有效。因為在微妙的暗示下，人們不覺得自己遵循了某種外在的權威，會以為這是自己所做的選擇與決定。

德國人為何支持納粹？

下層中產階級的不安與怨恨

佛洛姆對近代人「逃避自由的傾向」與逃避方法進行了深入的分析，從而也剖析了納粹主義崛起的原因。

現有納粹主義相關的學術討論中，通常有兩種對立觀點——❶將納粹主義視為經濟、政治現象；❷認為納粹主義完全是病態的心理現象，只有心理學才能完全解釋納粹主義。

第一種觀點將納粹主義視為經濟現象，覺得納粹主義是德國帝國主義的結果，或是把它當作政治現象，覺得是資本家與普魯士的貴族地主容克（Junker）所支持的保守反動政黨篡奪了國家的權力。這種觀點認為納粹在少數上流階層的支援下，透過狡猾的策略與壓迫掌控了多數民眾。

納粹德國的總統希特勒。

出處：德國聯邦檔案館（Bundesarchiv, Bild 102-13166 / CC-BY-SA 3.0）

第二種觀點認為納粹主義只能以心理學來解釋，尤其是精神醫學。根據這種觀點，希特勒是個陷入瘋狂狀態的人或精神官能症患者，而跟隨他的人也跟他一樣是陷入瘋狂或喪失理性的人。納粹主義盛行的原因並非經濟或政治情勢，而是當時以希特勒為首的德國人們的靈魂生病了。

佛洛姆認為，雖然納粹主義是個心理問題，但大眾的心理與經濟、政治因素密不可分，因此應該綜合上述兩種觀點。然而在《逃避自由》中，佛洛姆以一位心理學家的身分，把焦點放在探討納粹主義能吸引到大眾的心理因素。

在探討納粹主義能擄獲大眾芳心的心理因素時，我們應首先區分兩種人的心理現象——❶非納粹主義狂熱支持者卻屈服於納粹政權下的人，❷狂熱支持納粹主義的人。

第一種人屬於勞工階級、自由主義或天主教的資產階級，其中勞工階級中還有以社會民主黨與共產黨為中心的優秀反納粹組織。但少數人除外，在希特勒掌權後，勞工階級很快就放棄對納粹主義的抵抗。佛洛姆認為雖然這個情形源於勞動階級內蔓延的疲憊感與心死的態度，但這也是我們在現代人身上能看到的普遍特徵。在疲憊感與放棄心態的掌控下，人們對被孤立感到相當大的恐懼，因此一旦有任何政黨掌握國家權力，就能輕而易舉地獲得多數民眾的效忠。

佛洛姆主要在下層中產階級中尋找狂熱支持納粹主義的集團，他認為在下層中產階級的社會地位，以及與此地位相關的心理中，能夠找出他們狂熱支持納粹主義的原因。也就是說，下層中產階級是夾在資本家與勞工之間的階級，他們對資本家既羨慕又嫉妒，對勞工則感到相對的優越並鄙視他們。同時在資本家和勞動者間，下層中產階級感到自身的穩定地位遭受威脅，所以對他們懷有敵意，並將這種敵意美化為道德上的憤怒。這些人有禁欲主義的精神，不僅在用錢上是如此，他們在情感表達上也很吝嗇。另外，他們會將外國人視為危險的存在，並厭惡外國人。

下層中產階級的這種性格，在第一次世界大戰爆發前當然就已經存在了。但在第一次世界大戰德國失敗後，通貨膨脹肆虐，當時遭受最嚴重打擊的就是下層中產階級，於是這個情況加劇了他們狹隘的性格。納粹主義最大限度地利用在下層中產階級中蔓延的不安和怨恨，承諾他們會消除大資本的控制，並摧毀勞工組織，所以納粹就獲得了下層中產階級的熱烈支持。

有個相關的觀點是，第一次世界大戰之後，協約國對德國的處理方式是納粹主義興起的主要原因之一，而佛洛姆反駁了這個觀點——協約國實際向德國要求的戰爭賠款是當時德國經濟難以承擔的天文數字，有人擔心這可能會加深德國人的怨恨，因而引發新的戰爭。

經濟與文化上對貧窮的補償

佛洛姆也承認多數德國人認為凡爾賽條約是不合理的，但佛洛姆認為德國國內各階級對此的反應並不一致。中產階級雖然反對凡爾賽條約，但他們並沒有那麼強烈的仇恨。隨著君主政體的沒落與威瑪共和國的成立，勞工階級的政治經濟地位也獲相當程度的提升，所以他們對凡爾賽條約並沒有強烈的怨恨。相反地，下層中產階級對凡爾賽條約則抱有強烈的怨恨感。佛洛姆認為，下層中產階級將自己在社會上的自卑感投射到國家上，視凡爾賽條約為國恥。

希特勒為得到下層中產階級的支持，承諾讓百貨公司消失，打破金融資本等大型資本的控制。這樣的承諾當然沒有兌現，然而數十萬計的小市民卻成為了納粹官僚體系的成員。他們藉由壓迫上層階級的方式，共享了他們的財富與地位，這些人在正常情況下是根本不可能獲得財富或權力的。而那些無法成為納粹官僚機構一員的人，則獲得了猶太人與政敵們被奪走的工作崗位。對所有人而言，希特勒還提供了迫害猶太人與共產主義者的各種殘忍觀賞娛樂。觀賞這些娛樂讓那些下層中產階級對其他種族產生優越感，在經濟與文化上的貧窮也得到了補償。

希特勒與一般大眾的關係是我們在前文中討論過的施虐與受虐關係，乃至權威主義關係的典型例子。在希特勒對大眾的看法中，也能明確看到這點事實。希特勒是這樣說的：

> 大眾渴望見到強者獲勝，殲滅弱者並讓弱者無條件投降。
>
> 好比女人，比起掌控懦弱之輩，她們更想屈服於強壯男人之下。大眾喜愛統治者而非哀求者，比起對敵人的寬容，他們更受冷酷的懲處教條吸引。

希特勒看透了參加大型集會的個人心態，並巧妙地利用了這一點。

當想成為新運動的支持者時，人很容易陷入孤獨的恐懼之中。個人會透過參加群眾集會來確認自己屬於一個更大的共同體，藉此獲得力量。光有這些理由，大眾集會就是絕對必要的。若有個人脫離了自己的小小工作崗位，或是脫離了讓他覺得自己很渺小的大企業組織，第一次參加大眾集會，並體驗到與數千人產生團體意識，那麼他就會屈服於群眾暗示作用的神奇影響中。

希特勒尤其喜歡在大家因疲勞而判斷力變差的晚上舉行群眾集會。

Q 問

答 A

被說「缺乏共感能力」的現代人特質，還有在醫學上被稱為「亞斯伯格症候群」的非社會性特質，這些也可以算是一種「逃避自由」的狀態嗎？

病態性戀屍癖主宰了現代人，而佛洛姆認為缺乏共感能力是戀屍癖的重要特性之一。戀屍癖的精神是，透過擁有無生命的精巧人造物來擺脫不安與絕望。這種嘗試是一種逃避，從實現愛與智慧等人類本質能力的真正自由，逃向占有那一邊。

雖然人們對無生命的人造物感到自在並依戀，但對其他人卻既不在乎也不愛護，人與人之間的關係是膚淺且算計的。舉一個能顯示此趨勢的例子——佛洛姆認為現在很多人在乎並愛護自己的汽車更甚自己的伴侶，不是很在意自己的伴侶生病，但當車子撞壞時卻感到很心痛。

人類歷史上哪個時期與佛洛姆所說的理想社會最相似？

佛洛姆認為原始時代的母系社會是理想的社會。讀完瑞士著名法學家約翰・雅各布・巴霍芬（Johann Jakob Bachofen）的書《母權論：對古代世界母權制宗教性和法權性的探究》（*Das Mutterrecht: eine Untersuchung über die Gynaikokratie der alten Welt nach ihrer religiösen und rechtlichen Natur*），佛洛姆深受感染。這本書不僅影響了佛洛姆，也對馬克思的朋友恩格斯（Friedrich Engels）產生了很大的影響。佛洛姆接受了約翰・雅各布・巴霍芬的觀點，認為在原始時代的母系社會中，不存在私有財產，成員間的矛盾與不和也不存在。這種觀點與馬克思的主張相似，馬克思認為原始時代是共產主義的社會。

第 4 章

如何喚醒自身內在的力量？

透過愛、責任感和關心來與外部建立親密連結，佛洛姆稱這種態度為「超越」。這種超越代表的是超越執著於占有欲的封閉自我，只有藉由這種超越才能實現真正的自由。愛、責任感和關心都是我們為成為真正自由的個體所需展現的品德。

法西斯主義是用不安與空虛灌溉發展的

現代人過著機械化且統一的生活

中世紀的社會身分秩序堅定不移，然而無法改變個人地位的中世紀社會崩潰後，近代人卻開始對自己產生懷疑，無法確定自己是誰、該如何生活。因此，近代哲學的核心問題是——失去了與世界傳統的關係，近代人要如何確認自己的認同與安定。這種對自我的質疑到現代依然存在，甚至變得更加強烈，為擺脫這種懷疑，人們不斷強求似是而非的解決方案。關於這些似是而非的解決方案，我們在上一章已經了解過受虐癖、施虐癖、破壞性、機械化的統一性了。

自我的概念在十八、十九世紀萎縮，人們認為自我就是由自己所擁有的財產構成的。「我」就代表了「我所擁有的東西」，人們認為擁有大量財產，自我也會變得更富足。這種自我認同概念，奇妙地混合了從約翰．喀爾文和馬丁．路德，以及巴魯赫·史賓諾沙以來的進步思想家的自我認同概念。

約翰·喀爾文和馬丁·路德的觀念是：人應該把自己當作服務神的一種工具。與此相反，進步派思想家的觀念是：人不應成為任何超越性存在的工具，人類應該讓自己成為目的本身。近代人雖拒絕了約翰·喀爾文和馬丁·路德所提倡的宗教教義，卻接受了權威主義的生活態度。如今，人雖然不是神的工具，卻成為了金錢的奴隸。人類賺錢不是為了享受人生的喜悅，而只是為了儲蓄、投資、取得成功。

然而透過這種方式獲得的自我認同是被「物化」的，也是令人極度不安的。因為在這種認同概念裡，價值會隨著所擁有的地位或財產變化，自我就彷彿一件物品一樣。如果地位提升、財產增加，對自我的認同感也會隨之增加，人便因此而得意洋洋。倘若沒有如此，就會喪失對自我的認同，意志消沉。經過了幾個世代，市場影響力進一步擴大，自我的概念從「我等於我所擁有的東西」，轉變為「我等於市場、科學、輿論或流行等匿名權威所期望的存在」。結果，現代人大多都過著機械化統一的生活。

早期的近代社會，人們透過對抗教會權力與國家權力，獲得了信仰與良心的自由。然而，現代人卻失去了許多內在能力。此內在能力就是：有能力相信自然科學方法無法證明的事實。人們陷入對科學的偶像崇拜之中，相信科學技術能解決人類的一切問題。例如：人們不相信透過培養自己內在愛的能力，就能克服孤獨與不安，而是一味仰賴神經安定劑等現代醫學提供的藥物來解決問題。言論自由也是在對抗了教會和國家權力的束縛之後，才獲得的寶貴勝利，但現代人並未意識到自己的思考和話語大多都受輿論或常識等匿名權威所灌輸。

因此，現代人表面上對自己的生活感到滿意並享受著安定感，事實上卻陷入了極度的不幸之中，真實地在絕望中掙扎。他們淪為社會上某種功能的因子，為了拯救如此悲慘的自我，他們努力成為所謂「有個性」的人。他們穿著最新流行的衣服、拎著設計獨特的手提包、刺著紋身，在手提包或手機上刻上自己的名字。這種現象顯示出他們想擁有不同於他人的獨特性，但現代人這種自豪的個性卻是似是而非的——這點應該也不言而喻。

法西斯主義會再次崛起嗎？

現代人渴望著生命，但他們卻成了自動的玩偶，無法自主體驗人生。因此，他們熱衷於體育和電影，把自己與體育明星和電影主角畫上等號，從而獲得替代性的滿足感。像這種淪為自動玩偶的人類，他們內心深處的苦惱與不幸有可能從根本上威脅我們的文化。換句話說就是，它們可能成為讓法西斯主義再次滋長的土壤。

當人們覺得自己的生活空虛且沒有意義時，可能就會盲目地接受看似賦予生活崇高意義的政治理念。最近極右派的意識形態在歐洲很盛行，仍有許多國的政治家會利用民族主義情感來維持或掌握權力，這表示這種風險可能成為事實。

除了有意識的認同感之外，我們還有一種無意識的認同感。人們在意識層面上把自己變成了交付給市場與匿名權威的商品，淪為無力的工具。然而在無意識層面上，他們對於真正的自我是有所感知的，因為任何社會都無法將人變成完全被動的事物。雖然人們會屈服於「想隱藏、壓抑自身真實身分」的念頭，但又會無意識地感到內疚和不安，認為自己的生活很空虛，隱約覺得不能這樣度日。當產生這種感受時，人們甚至不知道自己為何會有這種感受。

然而，人們並沒有透過體現真正的自我來克服這種內疚與不安。人往往會歸順於「祖國的光榮」或「兄弟愛所主宰的社會」，歸順於這種提倡崇高理念的極權主義意識形態，藉此來克服內疚與不安。因此，佛洛姆認為現代人內心所經歷的絕望，是培養極權主義意識形態的肥沃土壤。

納粹主義或主張由共產黨統治的猶太布爾什維主義等集權主義意識形態，指責資本主義是道德上墮落的體制，因為資本主義把利己主義和個人的競爭當作原則。而集權主義主張自己在道德上的優越，因為他們以崇高的理念為目標，體現「光榮的祖國」和「偉大的社會主義社會」。許多人對這種主張深有感觸，因為人們在內心深處覺得，像資本主義這樣光是追求私利私欲是無法真正變幸福的，他們希望人與人之間有更深層的團結與關係。

但是集權主義的意識形態，只不過是馬丁・路德或約翰・喀爾文式的權威主義式宗教觀念，以世俗形式的再現而已。這種宗教觀念認為，每個人在本質上都是無能且弱勢的存在，所以我們要依靠超越自己的強大權威。近代的人們克服了這種宗教理念，創造出自由社會，讓個人也能成為獨立的尊嚴個體，就這點來看，這是個偉大的時代。然而極權主義和權威主義的意識形態卻威脅到了近代最寶貴的成果——自由的社會與個人的獨立性與尊嚴。

尋找真正的自我與自由的道路

恢復愛、責任感和關心

西方的傳統哲學有陷入二元論的傾向，會把理性視為情感與欲望的對立面，認為透過理性來抑制情感與控制欲望能實現真正的自我。然而，把人類的精神一分為二並讓兩者相互對立，不僅廢除了情感與欲望，甚至連理性也會被廢掉。情感和欲望被視為邪惡，而理性則成了監視這些邪惡的守門人。不過事實上，要真正實現自我不僅需要理性思考能力，還需要積極發揮情緒與智力的潛能。

換句話說，人類只有在發展理性、愛、責任感與關心等品德時，才能滿足於自己的生活，不受外在條件動搖，確保對自我的肯定感，也就是對自己的認同感。相反地，如果有人處於被動狀態，情感與理智分離，兩者各自發展，那他就可能展現出不安、抑鬱、暴力等病理症狀。

佛洛姆認為為了真正的幸福，人類應該要擁有的其中一種品德就是「責任感」。他把責任感（Responsibility）與義務（Duty）區分開來。義務不是外在賦予我們的，而是我們內心感受到的強制性，是無論如何都屬強制範疇的東西；而責任感屬於自由的範疇。義務是基於權威主義的良心（Authoritarian Conscience），責任則是基於人本主義的良心（Humanistic Conscience）。權威主義的良心自願聽從自己從屬的權威所下的命令；而人本主義的良心則想傾聽自己內心真實的人性聲音，所以無論命令來自外部或來自內在良心，他們都不會被任何不合理的命令所左右。

同時，佛洛姆也區分了「關心」與好奇心。關心是種主動的姿態，向他人敞開心扉，共享他們的痛苦和喜悅；而好奇心（Curiosity）只是對他人與事物的表面感興趣，不帶有真正的關心與愛。好奇心其實只是想利用閒聊來彌補自己內心的空虛和不滿而已。

佛洛姆認為，愛、責任感和關心只有在我們擺脫貪欲後才能實現。所謂的貪欲是指人類盲目執著於某對象的狀態，在這種情況下，人類看似貪欲的主體，實則成為了貪欲的奴隸。與此相反，愛、責任感與關心會讓我們變得自由且自主，人充滿這種感情時，就不會對自己擁有的東西或想擁有的東西展現強迫性的執著，而是以開放的態度去感受一切。佛洛姆認為，這種情感是自由且主動的，是任何精密機器都模仿不來的。

實現自主式自我的生活

只有以愛、責任感與關心為基礎，我們才能對自己的人格與身分認同有信心。若想藉由屬於自己的財產、地位、權力、家庭、身體、過往的榮耀來確保自我認同，我們就無法對自身人格與自我認同產生信心。因為自我認同與存在（Being）有關，自我認同並不屬於占有的範疇。真正的自我認同感不在於我擁有了多少，而是在於我實際存在的程度。

真正以「我」為主體來生活的意識，只有在我們愛其他人與事物，並為此負責、主動關心的情況下才能獲得。當我們活成真正的自我，即使自身社會地位下降、財物損失，也不會損害我們的自我認同。

我們常遇到一些實現自主式自我並過著自主式生活的人，他們的思考、情感和行為是他們自己的表現，絕非自動式玩偶的表現，這些人才算是真正的藝術家。此處的藝術家指的不是以藝術為業的專家團體，而是指能自主展現自我的人。如果說自主地展現自我才算真正有創意的行為，那也就必須如此才可以稱之為藝術。如果我們是這樣定義藝術家的，那部分哲學家與科學家也可謂為藝術家。

佛洛姆認為孩子也會展現這種自主性，他們有不看別人臉色、靠自己感受與思考的能力。這種自發性表現在他們的想法、話語，以及他們臉部感情上，而我們之所以會被孩子的美所吸引，也是因為這種自主性。

我們有些時刻也會自發地感受、思考、行動，這些時刻才是純粹的幸福時刻。寂寞地觀賞一片風景、思考某件事、腦海中浮現某種真理、感受不俗的感性快樂、對他人的愛湧上心頭——在這些時刻裡，我們能切身感受到何謂自主性的活動。

自主性活動是人類在不捨棄自我的情況下，克服孤獨恐懼的唯一辦法。透過這種自主性的活動實現自我，並與外界緊密結合，我們就不再是孤立的個體了。在切實感受到自身的活躍與創造力的同時，我們會了解到，人生真正的意義只在於「自主且有活力地生活」。

這種生活所帶來的自我安定感並非固定的，而是動態的。這種安定並非建立在我們所擁有的財產、名聲、特定宗教理念或政治理念上，而是建立於自己的自主性活動上。這份安定是每一刻透過自主性活動所獲得的安定，只有這種自主的活動才是強化自我、實現自我完整性的基礎。相反地，如果無法自主地行動，無法單純表達感受與想法，必須對他人與自己展現虛假的自我的話，我們就會陷入無力感和自卑感之中。

當然，要自主且有活力地生活並非易事。自主且有活力的生活是肉眼看不到的生活態度，它並不像能固定擁有的東西那樣能收藏，只要一不注意就隨時都有消失的危險。相反地，當我們把財產、名譽、僵化的宗教教義或政治意識形態等外在的東西視為自我，由於這些外在事物具有一定的持久性與形態，我們似乎便能很容易地確保自我的持久性和穩固性。然而透過這種方式確保的自我，實際上只是虛有其表、已死的自我而已。

擺脫封閉的自我，與世界合而為一

那些把自我視為一種存在而非所有物的人容易受傷並崩潰。因為他不會從自己所擁有的任何東西或自身所信奉的任何教義中尋找自己的認同感，而是從真正的存在中尋找認同感，也就是在真實生活中尋找。每當失去自主性的感覺或心不在焉時，他就會陷入失去自身認同感的風險，只有透過持續的覺醒與自主性，他才能避開這個風險。考慮到這一點，與透過物質獲得心靈安定的人類相比，將自我視為一種存在的人是容易受傷崩潰的——然而自我成長總是要在這種容易破碎的基礎上才得以實現。

透過愛、責任感和關心來與外部建立親密的連結，佛洛姆稱這種態度為「超越」（Transcendence）。這種超越代表的是，超越了對占有的執著與封閉自我。真正的自由只有靠這種超越才能實現，因為只有不受不安、無力感、私心與依賴心態等影響，人才能擺脫一切的強制。愛、責任感與關心都是我們為成為真正自由個體所必須展現的品德。

對此佛洛姆用詩意的象徵表示，真正意義上的「神」是指，擺脫自我封閉的牢籠，敞開自身大門與世界合而為一的自由境界。能這樣擺脫狹隘自我，並與世界合而為一的人，就會感覺自己與至高無上的神合而為一。

人們往往喜歡把當今所面臨的文化、經濟、政治危機歸因於個人主義主宰了社會，然而問題不在個人主義本身，反而是人因為個人主義變得空虛，感覺毫無實際意義了。個人主義之所以如此空洞，並不是因為人們過於關注自我，反而是因為人們對自身真正的自我漠不關心。人們被死後就會消失的虛妄事物牽著走，成為了它們的奴隸，對真正的幸福生活卻不感興趣。

佛洛姆認為，為體現真正的自我與自由，我們要有以下的人生態度——

❶要擺脫占有欲。只有擺脫了占有欲才能擺脫對他人的忌妒與敵意，並與他人

建立真正的連結。只有在這種狀態下，人類才能打從心底感受到真正的富足。

❷**愛護並尊重所有生命**。我們生活的目標應該是幫助生命成長，而不是擁有的精妙機器、商品，以及權力。

❸**擺脫對過去的悔恨和對未來的擔憂，全心全意地活在「當下」**。要對「當下」的世界與「當下」遇到的人、事、物感到驚奇，全然地敞開自我並與之互動。

❹**成為獨立的人**。要意識到除了自己以外，任何的人、事、物都無法賦予人生意義。

❺**不欺騙他人，也不受他人欺騙**。成為可以被形容為純真，卻不會被形容為單純的人。

❻**不斷修養以達成以上目標，但不抱持「一定要達到目標」的野心**。因為我們了解這種野心也是貪欲與占有的一種型態，能到達怎樣的境界就交由命運決定，只要在成長的人生過程中尋找幸福即可。

擺脫占有欲和愛護、尊重所有生命都並非易事。雖然「及時行樂」（Carpe Diem）一詞廣為流行，但要忠於「當下」，擺脫對過去的悔恨、對未來的憂慮也不容易，很多時候我們忙著後悔過去、擔心未來，連眼前的自然之美都視而不見。佛洛姆也知道自己提出的理念很難實行，所以最後他強調要不斷修練。為體現真正的自我與自由，佛洛姆每天冥想一到兩小時，洗淨內心的污垢。

現在我們需要徹底地改變

異化與偶像崇拜

根據佛洛姆的觀點，個人心理健康與否不僅與個人自身有關，還與其所屬的社會結構有很大的關係。健康的社會能激發成員間的信任、團結與愛，幫助個人實現自身本質的能力，而不健全的社會則會助長成員間的不信任與敵對感，讓成員把彼此當成工具，相互剝削與利用。

佛洛姆認為社會結構對個人生活與性格影響甚大，同時也詳細分析了現代資本主義社會是如何扭曲人類生活的。他不僅持續批判性分析資本主義社會，還提出了人本主義、社群式社會主義的替代方案。

關於資本主義社會如何扭曲人類生活，佛洛姆的分析繼承了馬克思的異化論。但佛洛姆認為，資本主義社會是人類面對自身所處的實際狀況所選擇的一種解答。

此外，佛洛姆還強調了資本主義的宗教性，他把資本主義視為人對物質與快樂的偶像崇拜，人們想藉此為人生奠定穩固的基礎。藉由提出資本主義社會的偶像崇拜性質，佛洛姆強調為改革資本主義社會，我們不僅需要社會結構的改革，還要從個人的根本上改造自己的性格，這是一種「宗教上的回心」。

佛洛姆認為現代資本主義社會的問題在於，它會把人類推往「異化」的狀態。異化一詞本來是影響馬克思甚遠的路德維希・費爾巴哈（Ludwig Feuerbach）所提出的，是指由人類創造的東西成為了支配人類的陌生力量。路德維希・費爾巴哈提出代表性的異化例子，就是人類對「人格神」的信仰。人格神的觀念雖是人類所創的，但人格神卻成為了支配人類的陌生力量，並讓自稱代表神的神職人員支配其他人類。

佛洛姆認為，雖然異化這個詞是在十九世紀開始被使用，但這種異化的狀況已經存在很久了，代表性的例子是舊約聖經的先知書中所提到的「偶像崇拜」。所謂的偶像是指，有限的事物被認為是無限的，相對的事物被認為是絕對的，而這些事物因而備受崇拜。這種偶像包括能用石頭或木頭製成的神像、民族、階級、人種、金錢、名譽、特定經典、政治性的理念、特定政治家等多種形態。雖然這些有限的事物源自於人類，但它卻成為獨立於我們之外的陌生力量，並支配了我們。

人會依歸並服從有限的偶像，代表人類忘卻了自己無限的神聖，並將自己侷限在有限之中。人類也許會相信依歸與服從能獲得永恆，但這種依歸與服從實際上是一種自取滅亡的行為，只會不斷把自己侷限在有限之中。而且有限的東西總是相對的，所以我們只能擁有與自己對立的東西。當有限的事物被絕對化，那它就會敵視並壓制所有與自身對立的事物，所以偶像崇拜的歷史就是一部殘酷史，一部破壞所有與自身對立事物的殘酷歷史。

被異化主宰的現代資本主義社會

從偶像崇拜的例子中我們就能得出，異化並非只是當今現象。然而，現代社會中我們所看到的異化幾乎是全面性的，現代的異化已經滲透到社會、勞動、消費物品、國家、同事，以及和自己的關係中。

在現代資本主義體制下，經營者和勞工都受自己無法控制的盲目市場機制所控制，於是人類就被自己建構的社會所排斥。

而現代人被迷惑了，認為自己能買到更多、更優秀且更新的產品。買東西和消費已成為一種強迫且不合理的目標，於是人們對自己所買的東西毫無愛意，認為東西完全能用完就丟。結果，人們也被自己買的東西排斥了。

另外，現代社會的個人就像彼此分離的顆粒一樣，這些顆粒對彼此來說是陌生的存在，他們只是因自私的利益與相互利用的需要而碰在一起而已。人們相互排斥，雖然會因孤立與孤獨而痛苦，卻又不想透過相互的連結與和愛來克服這種孤立和孤獨感。就算試圖克服這種疏離感，人們充其量也只會把自己與國家、民族或民眾這類抽象概念畫上等號，以及把自己和那些自詡能代表這些概念的政治人物畫上等號。

現代社會由於個人與國家是分開的，人們對國家政策與方向幾乎發揮不了影響力。因此人們主要擔心的是個人問題，也就是自己的經濟狀態與健康狀況等，人們不在意包括戰爭在內的世界問題、社會問題等與自己無關的事物，或者即使關心世界問題或社會問題，也只會以疏離的方式接觸。人們將自己能主動形塑社會的能力投射到國家、民族或民眾這些抽象的存在上，並服從希特勒或史達林那種自稱代表抽象存在的政治家，藉此接觸世界問題與社會問題。於是國家與政治家超越了人類，成為凌駕於人類之上的偶像，而現代人也就這樣與國家異化了。

此外，現代人把自己當作在市場上買賣的某種物品，人們的目標是在經濟市場、婚姻市場等各種類的市場上成功地銷售自己。在現代社會中，人們將自身的經驗、想法、情感、決心、判斷、行動都調整成符合市場的需求，而自己就這樣被自己異化了。再加上在現代社會裡，勞動本身並非有意義的活動，而是賺錢的手段。於是無法在勞動中找到深刻意義的勞工，便會逃避勞動，把懶散視為一種理想。

這種全面的異化狀態源於以「惡質競爭」為社會體制原理的資本主義社會結構。佛洛姆認為現代資本主義社會基於兩個重要的心理學前提——❶現代資本主義假設幸福等同於極致的快樂，是以全面的享樂主義為前提的。❷現代資本主義認為，為了讓這個體制發揮功能，自我中心主義、自私，乃至貪欲是有必要提倡的。

利己主義是以占有為目標的生活方式，利己主義者並不會因分享獲得快樂，而是在占有中得到快樂。如果生活的目標是占有更多東西，那麼「擁有得越多」我們的「存在」就會更加穩固，因此我們只能變得越來越貪婪。根據佛洛姆的觀點，這種對占有的狂熱肯定會導致無休止的階級鬥爭與國家之間的戰爭，貪欲與和平是無法共存的。

人本主義的社群主義社會

為克服現代全面異化的情況，社會結構需要徹底的改變。佛洛姆認為社會應該轉變成由「存在型態」主宰，而不是被「占有型態」主宰。存在型態是指「不渴望占有卻很快樂，有效地發揮自身才華，並與世界合而為一的生活方式」。佛洛姆稱這種生活方式所主導的社會為「人本的社群式社會主義」。

佛洛姆認為，實現人本的社群式社會主義需要以下的變革——

❶要把經濟的綜合計劃與高度分權化結合，並拒絕成為虛假的自由市場經濟。在自由市場經濟中，為了生存，各企業必須刺激大眾的消費欲，而人們在自由市場經濟中就成為貪圖占有和消費的人了。

❷必須放棄無限成長的目標，追求選擇性成長。生產應該限制在健康消費的範圍之內。

❸必須讓所有企業實現共同經營的原則。若廢除掉自由市場經濟，引進計劃性經濟，那麼情況就會像現有的社會主義國家一樣，稍有不慎就容易扼殺個人創意與自主的責任意識。然而，這也不表示人們在資本主義中就會發揮創意與自主，在資本主義社會中也只有少數人能發揮創意與自主，現代人大部分都成為了大組織中的一個小齒輪，也就等於一種自動玩偶。要發揮創意與自主，勞工必須能夠參與企業經營。

❹必須營造一種社會氛圍與勞動條件，讓精神滿足成為生活與勞動的動機，而

非僅只為了物質利益。

❺要在生活中實現個人的創意，而不只是在工作上發揮創意。

❻從政治角度來看，應該讓一般大眾參與政治決策，體現真正的民主主義。真正的民主決策類似於以前的「部族會議」，在由五百人左右組成的小團體中進行，只有這樣的小團體中才能充分討論問題，透過這種討論後得出的決定必須直接影響中央機關。像當今這種沒有充分資訊、沒有批判性深思與討論的情況下，單純的投票決定和理性的洞察相距甚遠，那也不過是收集了人們在某些時刻下的個人偏見罷了。

❼為了讓經濟與政治變成社群式的，教育和文化也要變成社群式的。為了把當今的個體式社會轉變為社群式社會，我們必須重新創造一同歡唱、攜手前進、一起舞蹈、同聲讚美的共同文化。人類想在世界上感受到平安與幸福，不能光靠理智，而是要用整個身體與他人的世界合而為一。

文藝復興以來，現代思想所追求的個人自由與個人主義能否真正實現，決定了人類的未來。這種自由的勝利不僅取決於個人的努力，而且只有在個人成長與幸福成為文化的目標時，這種勝利才得以實現。在這樣的社會裡，個人不會受國家或大型企業等龐大的權力所支配，或被它們巧妙操縱。

進入近代以前的物質基礎無法真正實現個人主義，人們不但無法展現自己的個性，甚至連生存都很困難。然而資本主義造就了這樣的物質基礎，我們享受前所未有的物質豐饒，又有很多閒暇時光，所以我們完全能實現真正的自由與個人主義。

如今我們面臨的問題不是在「資本主義」或「共產主義」中二擇一，而是克服各種「官僚主義」，實現「人本主義」——這種人本主義的目標是讓人類完全展現所有潛能。為此，雖然每個人都需要努力，但同時也很重要的是，我們要建立一個社會，藉由分權方式組織社會與經濟的力量，使每個人成為這種力量的主宰。

發現內在的力量

如何看待佛洛姆的思想？

前面我們藉由圍繞《逃避自由》為中心，了解了佛洛姆的思想，我們能同意佛洛姆的人性觀與佛洛姆所嚮往的人類形象。然而佛洛姆所嚮往的「人本的社群式社會主義」究竟能否實現呢？佛洛姆所說的真正的民主主義和俄國革命後出現的蘇維埃的民主主義相似。俄國革命後，一個叫蘇維埃的民主組織在職場與地方廣泛出現。但蘇維埃民主主義沒有持續太久，沒過多久便被共產黨的官僚主義取代了主宰的地位。佛洛姆所嚮往的人本的社群式社會主義最終也會是如此結局嗎？

佛洛姆把人們的生活分為占有型態與存在型態，但事實上我們的生活並不像二分法那樣簡單，我們的生活混雜著占有型態與存在型態。就如同完全偏向占有型態的生活一樣，完全體現存在型態的生活也很少見。雖然我們稱完全體現存在型態的人為聖者，但卻很難在我們周遭找到這樣的人，不論是偏占有型態還是偏存在型態，也都只是相對而言某一邊較強而已。

每個人的生活都混雜著占有型態與存在型態，而在社會各領域上也是如此。例如：所有宗教都同時存在權威主義的要素和人本主義的要素。正如佛洛姆所說的，儘管佛教在教義上也許是徹底的人本主義，但佛教界的現實往往與基督教權威主義的那一面差不多，信徒們有盲從僧侶們的傾向，經常無法擺脫祈福信仰。此外，以資本主義經濟體制為基礎的國家中，有些國家比其他國家更保障人民的人權和福祉，企業也是，有些企業相較其他企業更為人性化。

佛洛姆認為，西方的市場資本主義和東方的社會主義都是病態的，但西方的市場資本主義承認人民的自由與權利，在這點上比東方的社會主義更好。如果就算在病態的社會中也存在程度上的差異，那麼我們就很難完全將資本主義社會視為占有型態，很難唾棄它，稱它為病態的社會。

占有型態基本上是基於人們的私心。雖然就如同佛洛姆所言，這種私心部分是因社會結構的助長，但也有部分私心是人類天生就有的。我們當然也有超越私心，展現博愛的能力，但克服自私並非易事。為了實現佛洛姆所說的人本的社群式社會主義，人們必須克服自私的占有欲，也就是說每個人都應該體現存在型態的生活。佛洛姆認為自己所倡導的社會主義是完全可以實現的，然而事實上卻並不容易。

此外，如今全世界經濟緊密相關，在這種情況下能否如佛洛姆所提倡的那樣廢除自由市場經濟、實現計劃經濟，也是個疑問。

同為法蘭克福學派的尤爾根．哈伯瑪斯（Jürgen Habermas）認為，在當今的大規模社會下，計劃經濟是不可行的。尤爾根．哈伯瑪斯雖然承認自由市場經濟與官僚行政系統是無可避免的，但他認為藉由人民積極參與民主主義，市場與政治就能朝理想方向發展。這部分我認為尤爾根．哈伯瑪斯的願景比佛洛姆的願景更為現實。佛洛姆的人本式社會主義更具體化了馬克思所說的「自由生產者聯合體」的理想，但尤爾根．哈伯瑪斯卻認為馬克思的理想是中世紀瑞士那種小規模社群模式的浪漫主義思想。

佛洛姆思想的意義

占有型態和存在型態的二分法容易使我們的生活與社會極度簡單化，我們容易把無法完全體現存在型態的一切事物都視為病態。然而光以身體健康為標準就知道，我們很難找到完全健康的人，只能說是之於其他人而言相對健康而已。同樣地，一個人的生活與社會結構也只是「相對健康」或「相對更病態」而已。

當然，我認為佛洛姆所說的存在型態是我們應嚮往的理想生活型態，只有在這種生活中我們才能感受到真正的滿足與喜悅。因此，我認為佛洛姆的二分法算是有相當大的意義。這種二分法的優點是，能明確展現出我們生活與社會結構所具備的某些特性，藉此它清楚地告訴我們，在生活與社會結構中我們應該改變什麼、嚮往什麼。

最後我想說，關於佛洛姆對納粹掌權的分析也有不符合歷史事實之處。佛洛姆認為，支持納粹的社會階層主要是下層的中產階級，然而納粹實則得到了所有階級的支持，相較於下層中產階級，反而是勞工階級和上層中產階級更為大力支持。但這也不代表佛洛姆對納粹支持者的心理結構分析是錯的，關於這部分他的觀點有很強的說服力。

受虐癖、施虐癖與破壞性心理形成了納粹主義支持者們的心理，根據當時的歷史與社會情況，受虐癖、施虐癖與破壞性心理可能會以納粹主義的型態展現，也可能以史達林主義的型態展現。換句話說，這些心理會反覆出現，只是外在型態改變而已。正因為如此，佛洛姆對納粹主義的分析在今日仍具有重大意義。

Q 問

答 A

如果佛洛姆見到現今的韓國社會，他會怎麼分析呢？

佛洛姆的分析表示，戀屍癖是逃避自由其中的一個型態，而戀屍癖主宰著現代社會。在現代社會中，佛洛姆可能會最在意美國與歐洲，但我想佛洛姆應該會認為，在資本主義頗為發達的現在，韓國社會也受戀屍癖主宰。換言之，佛洛姆應該會覺得，相較於被占有欲與消費主義所束縛的生命，現今韓國人更愛沒有生命的精妙人造物，並受政治性宣傳、煽動與企業廣告所左右。

不過，我們可能會質疑佛洛姆是否將評價人類與社會的標準定得太高了。如果沒有人徹底以占有型態生活，就也沒有人會徹底以存在型態生活，大多數人的生活是占有型態與存在型態並存的，而社會也是一樣。若沒有完全由占有型態主宰的社會，就沒有完全由存在型態主宰的社會，只是其中一邊更能主宰人類與社會而已。因此我們可以說，相較於其他國家，幸福指數最高的北歐國家更能體現存在型態，而這種社會也比其他社會更為健康。

從這樣相對的角度來看，我們也能相當正向地看待當今的韓國社會。如今韓國所得到的評價為——從韓戰後的廢墟狀態出發，是在最短時間內實現民主化和產業化的國家。民主化代表人們的獨立批判精神強化了，工業化代表著人們的物質水準提升了。佛洛姆認為在資本主義社會中，物質財富的增長會使人類陷入占有欲與消費主義之中，因此他只強調其消極的一面。然而，物質財富的增長與民主化卻是密不可分的。隨著物質水準的提升，現今韓國社會裡的多數高中畢業生都上了大學，隨著人們教育水準的提高，民主主義也被鞏固住了。物質的增長與民主化如此相互促進，雖然目前還不夠充分，但在社會安全網強化的同時，社會福祉也在擴大當中。

佛洛姆所說的「人本的社群式社會主義」是很難實現的理念，只要人們無法完全擺脫占有欲就無法實現。所以，我們要做的是，進一步發展潛在的可能，並改善問題，而不是唾棄當今韓國社會，直接把當今韓國社會看作是病態的社會。佛洛姆也反對暴力革命，他期待資本主義社會能透過民主程序，朝著他所嚮往的「人本的社群式社會主義」前進。

結語

讀佛洛姆的書認識新生活

對於想詳細了解埃里希・佛洛姆生平的讀者，我推薦勞倫斯・傅利曼的《愛的先知：弗洛姆傳》，值得一讀。延斯・福斯特（Jens Voigt）的《佛洛姆：夢想愛之革命的人文主義家》也以遊記形式生動有趣地講述了佛洛姆的一生。

想更深入了解佛洛姆思想的讀者亦可親自閱讀《逃避自由》、《占有還是存在》、《愛的藝術》，讀完這些書後就不難理解《論埃里希・佛洛姆：無法忍受的不安》。推薦想更深入了解佛洛姆社會思想的讀者，閱讀佛洛姆寫的《健全的社會》，而關於改變自身的修練方式，我推薦佛洛姆的《存在的藝術》。

國家圖書館出版品預行編目（CIP）資料

不安到受不了時，念念佛洛姆：首爾大學名師講座，帶你遠離焦慮與孤獨，發現內在力量的紙上哲學課／朴贊國著；陳思瑋譯．-- 初版．-- 新北市：方舟文化，遠足文化事業股份有限公司，2024.02
面；　公分．--（心靈方舟；55）
譯自：참을 수 없이 불안할 때, 에리히 프롬
ISBN 978-626-7291-98-6（平裝）

1. CST：佛洛姆 (Fromm, Erich, 1900-1980)
2. CST：學術思想　3. CST: 哲學

145.59　　113000288

方舟文化官方網站　　方舟文化讀者回函

心靈方舟 0055

不安到受不了時，念念佛洛姆

首爾大學名師講座，帶你遠離焦慮與孤獨，發現內在力量的紙上哲學課

참을 수 없이 불안할 때, 에리히 프롬

作　　者　朴贊國 박찬국（Park, Chankook）
譯　　者　陳思瑋

封面設計　朱疋
內頁設計　莊恒蘭
資深主編　林雋昀
行銷經理　許文薰
總 編 輯　林淑雯

出 版 者　方舟文化／遠足文化事業股份有限公司
發　　行　遠足文化事業股份有限公司（讀書共和國出版集團）
231 新北市新店區民權路 108-2 號 9 樓
電話：（02）2218-1417　傳真：（02）8667-1851
劃撥帳號：19504465　戶名：遠足文化事業股份有限公司
客服專線：0800-221-029　E-MAIL：service@bookrep.com.tw
網　　站　www.bookrep.com.tw
印　　製　呈靖彩藝有限公司
法律顧問　華洋法律事務所　蘇文生律師
定　　價　380 元
初版一刷　2024 年 03 月
ISBN　978-626-7291-98-6　書號 0AHT0055

缺頁或裝訂錯誤請寄回本社更換。
歡迎團體訂購，另有優惠，
請洽業務部（02）2218-1417#1121、#1124